U0360779

非物质文化遗产
从传承到传播

杨红◎主编

Intangible

Cultural

Heritage

From

Inheritance

to

Dissemination

清华大学出版社
北京

图书在版编目（CIP）数据

非物质文化遗产：从传承到传播 / 杨红主编 . —北京：清华大学出版社，2019（2024.3 重印）
ISBN 978-7-302-53181-4

Ⅰ . ①非… Ⅱ . ①杨… Ⅲ . ①非物质文化遗产—传播—研究 Ⅳ . ① G112

中国版本图书馆 CIP 数据核字（2019）第 110387 号

责任编辑：周　菁
封面设计：李召霞
责任校对：王荣静
责任印制：杨　艳

出版发行：清华大学出版社
　　　　网　　址：https://www.tup.com.cn，https://www.wqxuetang.com
　　　　地　　址：北京清华大学学研大厦 A 座　邮　　编：100084
　　　　社 总 机：010-83470000　　　　　　邮　　购：010-62786544
　　　　投稿与读者服务：010-62776969，c-service@tup.tsinghua.edu.cn
　　　　质量反馈：010-62772015，zhiliang@tup.tsinghua.edu.cn
印 装 者：小森印刷（北京）有限公司
经　　销：全国新华书店
开　　本：170mm×230mm　　印　　张：22.5　字　　数：249 千字
版　　次：2019 年 9 月第 1 版　　印　　次：2024 年 3 月第 2 次印刷
定　　价：98.00 元

产品编号：082842-01

序言 PREFACE

非遗的赓续，靠传承，也靠传播

非物质文化遗产就总体而言，其持久赓续，当然主要依赖传承人群体的关爱、保护和代代传承。然而，所有社会成员，我们每一个人，都在这个传承大军中发挥着这样那样的作用，扮演着这样那样的角色。有传承人但没有受众，非遗的生命能延续得久远吗？从这个意义上说，你我都是传承人。

在非遗传承保护的进程中，传播同样发挥着非常重要的作用。传承与传播是非遗保护的两个翅膀，有两个翅膀才飞得高、飞得远。

为此，《中华人民共和国非物质文化遗产法》对传播工作有专门而详尽的规定：

第三十二条　县级以上人民政府应当结合实际情况，采取有效措施，组织文化主管部门和其他有关部门宣传、展示非物质文化遗产代表性项目。

　　第三十三条　国家鼓励开展与非物质文化遗产有关的科学技术研究和非物质文化遗产保护、保存方法研究，鼓励开展非物质文化遗产的记录和非物质文化遗产代表性项目的整理、出版等活动。

　　第三十四条　学校应当按照国务院教育主管部门的规定，开展相关的非物质文化遗产教育。

　　新闻媒体应当开展非物质文化遗产代表性项目的宣传，普及非物质文化遗产知识。

　　第三十五条　图书馆、文化馆、博物馆、科技馆等公共文化机构和非物质文化遗产学术研究机构、保护机构以及利用财政性资金举办的文艺表演团体、演出场所经营单位等，应当根据各自业务范围，开展非物质文化遗产的整理、研究、学术交流和非物质文化遗产代表性项目的宣传、展示。

　　第三十六条　国家鼓励和支持公民、法人和其他组织依法设立非物质文化遗产展示场所和传承场所，展示和传承非物质文化遗产代表性项目。

　　非物质文化遗产的传播不仅仅是传播机构、媒体单位的事，而是整个社会和每个人的事。本书的主题是传播，非遗展示、非遗进校园、非遗进社区也是传播，甚至学术研究、学术会议也有传播的功效。传播能够彰显传统智慧与技能的深厚内涵和情感的伟大力量。

　　非物质文化遗产的传播不仅仅是信息的翻制、转换和广泛散布。它能够而且应该发挥更重要的功能和作用：

　　（1）鼓舞现在的传承人群，提升社会对他们的尊重。

（2）为未来广大的传承人群提供后备力量。

（3）非物质文化遗产传播的自身也是对非遗对象的研究过程、本体分析和价值评估。

（4）传播会丰富广大人群的非遗知识，从而提升群体对非遗的价值评估和深厚情感。

（5）促进非遗交流、借鉴，从而推动其发展和推广。我国各种名录的公布，教科文组织的各项名册，除它们本身具有的诸多含义、功能外，也是一种很有效的传播方式。

（6）推进非遗传承发展、发挥非遗在文化建设中的重要作用，要靠社会群体的巨大力量。而唤起和动员社会群体的力量，则要靠传播。以期留下手艺、留下智慧与传统、留下精神、留下中国心！

传播把部分人的智慧技能和活动推广到整体社会，为大家所共享、共爱、共同保护。传播使传承者的情怀及实践变成全社会声势浩大的内心情感和有效参与，同时使某个地域或民族的非遗具有全人类意义，受到整个人类社会的关注和保护，美美与共，世界大同。

中国社会科学院荣誉学部委员

刘魁立

2018 年 7 月

目录 CONTENTS

非物质文化遗产保护的传播视角 /001

非物质文化遗产传播的理论研究 /039

非物质文化遗产影视传播案例 /087

非物质文化遗产展示传播案例 /153

非物质文化遗产活动传播案例 /201

非物质文化遗产新媒体传播案例 /229

非物质文化遗产传承与传播互促案例 /289

非物质文化遗产
保护的传播视角

非遗传播的意义、思路和途径

● 温红彦 *

聚焦非遗传播是一个很有现实意义的战略性话题，非遗传播本身在一定程度上能影响和决定非遗发展的未来，因此，非遗研讨会是非常有战略性的。探讨好、追问好、研究好非遗的保护理念、重要性、发展方向等命题，有利于推动非遗及其相关资源在当代更好地保护和传承。在当今背景下，传承和传播有着同等重要的战略意义。

人民日报社政治文化部常年负责我国非遗相关新闻的采访、报道。据不完全统计，近5年，我们刊发了百余篇非遗相关报道。非遗作为文化板块内容之一，5年100余篇的发行量，足以见得其重视程度。不可否认，人民日报社为我国非遗保护工作营造了良好的社会氛围。

从某种意义上说，文化部和旅游局合并的机构改革更有利于非遗的保护和传承，也更有利于非遗的传播。有人说，文化和旅游代表着诗和远方，文化是诗，旅游即是远方，非遗传播就是把诗传到远方。文旅部的合并对于非遗司的工作、对于将来的非遗传播，是更大的促动。

* 温红彦，人民日报社政治文化部主任。

一、非遗传播的重要性

（一）唤醒大众参与非遗传播

什么是非遗？为什么要保护非遗？非遗与人民的生活有什么关系？当今社会，有很多人对非遗存在陌生感，许多群众对非遗的认识还是非常浅显的，甚至存在很多偏差和误解。非遗保护的核心是大众参与。唤起大众参与，是媒体人的优势、职责使命和法定义务，也是中央的要求。《人民日报》有责任用手中的笔和镜头为社会厘清非遗的概念，明确它和生活的关系，深化保护传承的理念，营造良好的舆论氛围。

（二）非遗传播是文化传承的重要方面

习近平总书记强调，要让收藏在博物院里面的文物、陈列在广阔大地上的遗产、书写在古籍上的文字都活起来。总书记还指出，中华文化积淀着中华民族最深沉的精神追求，代表着中华民族独特的精神标志，传承中华文化要以古人之规矩开自己之生面，重点做好创造性转化和创新性发展。总书记的这些重要论述为非遗的保护、传承与传播提出了要求，指明了方向。

怎么理解让文化遗产活起来？如何以古人之规矩开自己之生面？如何创造性地转化和创新性发展？答案是非遗需要传承和保护，但也需要活态的传承，需要与时偕行不断创新。只有做好创造性转化和创新性发展的工作，才能让古老的非遗焕发出时代光芒，才能更好地传递给子孙后代。一方面非遗是遥远的，它凝聚着贤明的智慧，传承着民族文化的根脉，更为我们民族大家庭的成员提

供持续认同感。另一方面它又是鲜活的，它是文化传统在今天生活中的体现，既反映了世代相传的价值观和审美观，又在时代变迁和自身的传承中不断丰富。

可以说，非遗就在我们身边，非遗的传承和保护需要全民参与，非遗的传播也需要全民参与。全民参与就包括各级政府、文化主管部门、公共文化服务机构、文化表演团体、学校、媒体等，都应参与非遗的传播。其中，媒体，特别是党的媒体，由于其传播力度大、覆盖面广、说服力强，无疑成为宣传、普及非遗知识的一个重要途径。

二、非遗传播应该多措并举

为了贯彻落实习近平总书记的讲话精神，我们走到基层的一线，访谈权威专家，及时发掘新闻点，采写大量的报道，形成很多内参。在报道中，我们不断将总书记的重要论述、将国家有关非遗的重要方针政策，包括《非遗法》和联合国的《保护非物质文化遗产公约》，以及上述的这些认识，通过讲故事、讲事实、讲变化的方式，潜移默化地传递给广大读者，起到了一定的引导作用。例如，非遗司开展的中国非物质文化遗产传承人群研培计划，一开始，社会上有争议，甚至质疑。针对这一情况，2016 年，我们的记者在深入采访传承人代表，与非遗司的深入交流基础上，推出了深度报道《传承人怀揣艺术上大学》，让传承人自己讲故事，让专家谈思考，起到了激浊扬清的作用。同时，记者还持续关注研培计划的进展情况。2018 年的文化和自然遗产日（以下简称"遗产

日"），《人民日报》也刊发了《重返校园，寻找非遗新可能》一文。从各级各类读者的反馈上来看，这些宣传报道使得广大干部群众对非遗的认识逐渐清晰，对参与非遗传承和保护的热情也逐渐提升。许多"90后"和"00后"也加入非遗文创产品的开发行列，为非遗"活起来"贡献着重要的力量。

从积累的非遗报道经验来看，要想讲好非遗、做好非遗传播的文章，必须做到多渠道、多方面、多角度、多层面去了解非遗。

（一）要讲好非遗故事

　　非遗并不是抽象的，而是见人、见物、见生活的。我们的记者必须要深入生产和生活一线，寻找和发现技术精湛、德艺双馨的非遗传承人。对他们的事迹，我们舍得拿出版面，通过生动的人物通讯、综述等形式进行大量传播；在传播当中，我们更要注重挖掘那些能适应时代变迁、对非遗进行创造性转化和创新性发展的典型。例如，东阳木雕国家级代表性传承人陆光正，他既根植传统，又推陈出新，

让古老非遗焕发新的魅力；南通蓝印花布印染技艺国家级代表性传承人吴元新，使蓝印花布由农村的土布逐渐转化为现代的装饰品，让蓝印花布成为中国元素的一个代表。这些传承人的创造性转化和创新性发展真正让非遗"活起来"，实现了社会效益和经济效益双丰收。通过这些报道，我们让全社会了解到非遗不是没落的，不是过时的，它是活着的、绽放的，是有生命力的，它能够带领群众脱贫致富。就精准扶贫而言，很多案例都是非遗扶贫

带动当地文化产业的发展。这样的宣传，强化了传承人的自我认同，激发了传承人的发展信心，同时也展示了非遗的发展潜力。非遗传承不是雨打风吹去，而是姹紫嫣红时；不是后继无人，而是正需要人才辈出，并期待更多新鲜血液的加入。

（二）要发力重要节点

新闻报道要把握好"时""度""效"。对于媒体来说，特别是对于《人民日报》来说，我们不能像《光明日报》一样每日报道文化、报道非遗。我们会选择春节、端午、中秋，以及"文化和自然遗产日"、成都国际非遗节、中国非物质文化遗产博览会等重要的时间节点和活动来报选题，让全社会聚焦非遗的重要时刻。这样的宣传对于《人民日报》而言，往往能达到事半功倍的效果。比如，为了进一步让非遗宣传更有声势、有看点，在2017年"文化和自然遗产日"之前，我们和非遗司共同举办了"非遗保护传承发展的生动实践"座谈会，邀请非遗相关的专家学者参与研讨，刊发专家撰写的署名评论，并进行整版报道，引发了很大的社会反响和积极评价。2018年的"遗产日"之前，我们又邀请文化和旅游部副部长项兆伦撰写文章，并对"遗产日"推出的非遗影像展、全国曲艺周、非遗服饰秀等进行持续报道。"遗产日"之后，我们对四位专家介绍非遗保护新情况、阐述新思考的内容进行了整版报道。中国社会科学院荣誉学部委员刘魁立先生在为我们写的《非遗保护还需多些契约精神》一文中提到，在非遗保护当中，政府和保护主体之间必须有一种契约精神，即名录项目保护单位或个人如果不能信守承诺，就应实施退出机制，将其从名单上删除掉。该文章发表后，在社会上引起了激烈的讨论和强烈的认同。高丙中教授也提出，要发挥文化遗产保护对于现代国家建设的完整价值和真实潜能的积极影响。这些观点对我们很有启发，对读者也很有启发。《人民日报》对四位专家的发言进行了整版的报道，真正做到了有规模、有声势。

（三）要配合重大议题

非遗传播要配合重大议题。例如，2020年要完成的"脱贫攻坚战"是党和国家目前最重要的一项任务。扶贫先扶智，治贫先治愚，扶贫不仅要扶物质，还要扶文化。非遗在这方面有非常大的作用，它能够激发贫困地区和贫困群众脱贫的内在能力。往往越是贫困的地方，非遗元素就越多。通过我们的挖掘和报道，促进贫困地区的群众产生内在动力，也是打赢脱贫攻坚战的重要举措。因此，我们积极地创设议题，进行深入采访。比如，我们曾刊发过《非遗扶贫，鼓起群众信心》的报道，该报道在文化领域产生较好影响。下一步，我们会继续关注这方面的工作，在非遗的扶贫、文旅的融合方面多做文章。

目前，《人民日报》在非遗传播方面主要借助传统媒介，新媒体也有所涉及，如人民网也有专栏做报道。但是，《人民日报》对于新媒体的利用远远不够，下一步，可以探讨并借助更多的新媒体传播形式，让更多的年轻人了解非遗、认识非遗、珍爱非遗。

传承与传播——非遗保护的两个方面

一、非遗保护工作的重要性

我国对于非物质文化遗产保护，应该有一个重要判断，即非物质文化遗产保护对于国家具有非常重要的意义，且有着极高的重要性。它为中国带来了非常深刻的变化，从台上到台下，从边缘到主流，这样的一个变化从侧面体现了国家与当下社会的关系。而之所以让传播介入，则是为了让普通人在国家的故事叙述中能够有机会，能够被关注、被呈现，让普通人普通的事情能具有国家故事的地位。而传播什么、有没有兴趣、有没有内容，则是传播在这当中能够发挥作用的一个基础。

民间文化从底层变为中上层，从边缘变为主流。这样的变化已经发生了，它是一个历史事实。在这个媒介无所不能、无所不在的时代，这个历史事实可以被看成一系列长盛不衰的媒介事件造就的历史性、结构性的社会文化变迁。以中国传媒大学举办的2018非遗传播专题研讨活动为例，参加活动的有新闻

传播、文化产业、公共文化政策等多个领域的专家学者，非遗保护工作被更多人认知和参与，这就是一个很重要的证据。

二、非遗保护工作的两个阶段

中国非遗保护在工作层面有两个阶段。这两个阶段可以以《中华人民共和国非物质文化遗产法》（以下简称《非遗法》）的颁布实施为界。第一阶段，非物质文化遗产保护的基本体系被建立起来。《非遗法》的完成就是这样一个标志。实质上，第一阶段是传承与传播并举的阶段。第二阶段，传承与弘扬并举。

第一阶段，是以传承与传播为中心的。将传播与传承并列来看，《非遗法》中第三条提到非遗保护的两个措施——传承和传播；第四章专门讲传承与传播；第二十八条提到传承和传播是国家非遗保护工作要支持的；第三十二条讲传播；第三十五条和第三十七条把传承与传播合起来讲。这其中虽然把传承跟传播并列，但是在非遗保护的专业队伍中，大家更清楚，传播是为传承服务的。在第一个阶段，非常明确地指出：非物质文化遗产保护核心的工作就是传承。传承基地以及各种各样的展示，实际上都是要宣传非物质文化遗产代表作，以及它的代表性传承人，传播是为传承服务的。

三、非遗的传承与弘扬

非遗保护工作的第一阶段，要通过各种各样的排斥性思维建立这项专项工作的专业性。所以有很多排斥性的规定，如本真性、原生态概念等。但在第二阶段，这种情况有了转变。第二阶段更重要的是包容性，需要研究的是非物质文化遗产保护作为专门工作建立之后还能参与什么，还能跟什么衔接，还能欢迎什么进来。在这个阶段，非遗保护工作强调的是传承与弘扬。弘扬就是要把非物质文化遗产保护作为一个专项工作跟整个当代社会生活融合起来。所谓"见人见物见生活、融入现代生活"等说法，都是要把非遗保护工作从专项工作变成当下经济社会各个方面都能参与、都能在其中发挥作用的一个方向。

如果非遗保护工作要传承与弘扬两者并列，就要找到理念和规范的依据。《非遗法》明确讲了传承与传播，《保护非物质文化遗产公约》所提的保护措施有九项——确认、立档、研究、保存、保护、宣传、弘扬、传承、振兴。在这些措施中，弘扬，就是我们工作所提的概念，它起码包括推广、提高、振兴这几个概念。

非遗是活态的，它是一个活着的东西。原来很多老师批评说非物质文化遗产保护在确认遗产基本内容的时候，如果你强调 protection 而不是 safeguarding，就是把它物化、僵化。第一，"不变"做不到；第二，把活的东西变成不变的东西，等于把它弄死。Safeguarding 所代表的这种意义上的保护，就是陪着它，让它自己保持着自己的活态、活力，让它活得好好的。

"弘扬"这个概念，实质上包含在非物质文化遗产作为一个活态文化中，它是非物质的，同时必须是活的，必须是发展的。非物质文化遗产作为日常生活中的传统文化，它之所以遇到危险，就是因为它不能好好活着，得不到发展，而不是得不到传承。过去我们只抓非遗代表性的项目，而现在我们把保护工作的对象扩大了。研培计划所参与工作的不一定是代表性项目，它比代表性项目的范围要宽。第二个非常突出的一点，我们原来的工作就是代表性项目的代表性传承人，现在说传承人群，好多培训的范围比原来的传承人范围多，所以更多是年轻人，而不只是代表性传承人本身进来。

四、如何让非遗融入现代社会

研培计划核心理念就是让非遗融入整个社会体系。因为当代社会体系就是一个创新体系，融入当代体系就意味着它必须是一个创新体系。从重传承到说弘扬是最好的传承，这就是本质的转变。在这样的转变当中，再看传播该做什么东西，能做什么东西，就会有一个大的变化。在早期《非遗法》的文字中，传承与传播是并列的，传播很重要。但在后面实际工作当中，可能没有经常把传承跟传播作为一个并列的事物一起提，但是我认为这是给大家更多的传播空间，传播应当起到更大的作用。

以苏绣为例，按照过去的传承理念来说，创新苏绣会面临许多批评。苏绣是中国特色，但经过创新，它可以穿到英国女王的身上。它不再是很经典、很传统的龙、凤、牡丹等图案，而是新的、进入主流社会的事物。但是反过来用弘扬的概念进行理解，它实际上对工艺，对技法、技巧都是一个更好的传承。如竹编茶壶本身也不是原来竹编做的东西，但在今天这样一个非遗的语境中，这些都是可能的。

五、结语

从第一阶段到第二阶段，非遗传播的工作内容发生了转变。第一阶段是对专项工作的传播，但第二阶段，它将全方位地参与到社会经济，甚至我们国家的自我意识和文化自信的建构之中，是全方位的工作，媒体在其中作用会更大。

非物质文化遗产已经给中国社会带来了非常深刻的变化，这个深刻的变化在传媒上必然正在体现。普通人的故事也可以是国家级的故事，通过讲普通人的故事来体现这个国家是什么样的、人民是什么样的，他的审美和价值观是什么样的，这才是现代国家该有的常态的传播情况。现阶段，普通人的故事在日常传播中占的份额越来越大。我们已经看到这样的趋势，也已经看到一些成功的尝试。非遗让普通人变成一个与国家、与历史有深刻内在联系的、代表性的角色，所以普通人的故事才可能成为国家的故事，借助非遗给他们赋能，才可能提供这样一个机会。

新媒体为非物质文化遗产赋能

● 陆先高 *

非遗传播从实践到理论，到了一个需要重新梳理与提升的阶段。这也意味着在传播和传承的双轮驱动下，"让非遗活在当下，让优秀传统文化在新时代能有创造性转换与发展"也将从理论层面指导我们的实践，以促进开创非遗传播工作的新格局。《光明日报》一直以思想文化大报自诩，坚守思想文化大报的宗旨和品格，也始终致力于中国优秀传统文化的传承和传播。我们理解优秀传统文化的核心价值，实际上处于变与不变之间，而非物质文化遗产相对来说更集中地体现了这一特点——不变的是我们要尊重它的相对完整性和内在的气质；而变的，是传承的方式，尤其是在创新传播方面，要有一种与时俱进的创新精神、创新手段和创新方法。由此，新媒体要从以下几个方面为非遗赋能。

一、放大受众传播面

放大受众传播面，是做媒体工作的价值逻辑。文化领域，尤其是文化研究领域，是不缺机构、不缺人员、不缺资金、不缺成果的。缺的是传播，尤其是基于新媒体的轻传播和碎片化的传播。非遗的领域也同样如此。所以，从传播

＊ 陆先高，光明日报社副总编辑、融媒体中心主任。

的角度介入非遗的传承，媒体是责无旁贷的角色。

这几年，《光明日报》积极调研新媒体的产品设计，实现技术、渠道对接方式和市场扩展，紧跟潮流，充分运用了手机直播等方式，得到外界高度认可。例如，团队在天津举办的杨柳青年画直播活动，得到了 530 万人次的在线观看。2017 年《光明日报》组织的 30 场名为"致·非遗 敬·匠心"的手机直播，将非遗传承的中华文化底蕴与工匠精神表现出来，促进更多的年轻网民直观地了解在我国有哪些非物质文化遗产，也为他们打开了一扇了解传统文化的窗口。从传播理论上来说，手机直播方式具有平行视角以及很高的互动性。新媒体文化的传播，对于传统媒体——无论是报纸还是网站，在平台上和传播方式上都是一种突破，它调动了各种传播资源，扩大了受众面，而且精准度比此前的传统方式大为提升。

二、从技艺到情感，丰富非遗的表达

千百年来，非遗大多存在于民间，处于自生自灭、自我保存的原始状态，直到互联网与新兴传播平台的兴起，其传播方式才被改变，进而影响我们的文化生活。如今，要找到与现在的受众相关联的地方，找到时间点和故事点，从而引起受众的兴趣，与之产生共鸣，这种传播才是有效的。比如，《光明日报》在龙泉的直播中展现了噼里啪啦的开窑声，不仅抓住了开窑时充满期待的瞬间，而且引起了手机直播前受众的共鸣。它让年轻网民更加喜爱，也树立了受众的

文化自信，使受众为传统文化感到由衷的骄傲与自豪，发自内心地参与传播过程。2017年年底，《光明日报》邀请腾冲皮影来到"年度非遗人物"揭晓会上，在小巧的会议室里他们展现了令人称奇的表演效果，这其中的技艺已经传承了六代。幕布退去的时候，三代人从幕后走到台前。媒体报道时抓住了谢幕时的细节，引得许多观众反馈其震撼与感人之处，感受到了非遗在民间生生不息的旺盛生命力。因此，新媒体让我们的非物质文化遗产在互联网时代，有了新的表达和传播方式，带来了一种新的活力。

三、从项目到精神，提炼非遗的文化内核

我们在传播过程中希望有一些纵向深度发掘，讲述知识、揭示文化内核。比如解读"二十四节气"，主播着重表达天人合一的思想内涵；再如，《光明日报》在2017年推出"中国年度最有影响力非遗人物"活动，通过十个人的典范故事串起了当年度非遗的标志性事件，也挖掘了"择一业　专一生"的内涵。非物质文化遗产保护要见人见物见生活，非遗传播也要见义见情见精神。

此外，《光明日报》希望把非遗的网红品牌产品化，使其成为推广和营销的内容。在把故事和精神讲出去的同时，也把非遗作品卖出去，从而帮助非遗传承人获得收入，形成良性的循环。新媒体，尤其是融合传播是一个开始，后面有广阔的前景，因此要抓住技术和技巧两个要点。技术，是对新方法、新业态的一种敏感，例如如何创造与手机更深关联的阅读消费；技巧则侧重于组织

报道，开展活动与项目。要通过将虚拟传播与实体项目建设相结合，继而与经济社会发展的产业链形成互动。

作为媒体人，共建、共享、参与、创造是我们应尽的职责。媒体要把握这四点，通过项目和活动策划，为全社会营造一个保护传承非遗的新平台和新机制，激发全民记录、全民创造和全民共享，激发优秀传统文化传承发展的良好氛围。

传播视角：非遗传承发展的"链接键"与"外环境"

● 杨　红 *

一、"传播视角"的定位

基于"传播视角"的研究在许多学科领域早已"生根发芽"，开辟出许多成熟的理论路向和研究范式，并就不同的研究对象开展着多层次、多角度的探究。因而，首先要给本文的"传播"从数以百计的已有定义中选取一个，可以恰当地框定本文所指的"传播"。

传播学最重要的两大分支——人际传播（Inter-personal communication）和大众传播（Mass communication），在过去是界限分明的。人际传播是指两个人或几个人之间的传播，通常是面对面的。[1]而当消息来源因为需要与大规模的受众进行沟通而使用某项技术作为媒介时，就变成了大众传播。[2]因而，比如人类学所定义的"传播"（Diffusion）：一个社会的成员向另一个社会借用文化元素的过程，这里的"传播"指一个社会的习俗或惯常做法流传到另一个社会。[3]显然，这种文化的传流是较为纯粹的人际传播行为。在这一定义之下，如果将传播的对象确定为"非物质文化遗产"，那么研究"非物质文化遗产的传播"更多的是在研究非物质文化遗产基于人际的代际传承、横向扩布行为，

* 杨红，中国传媒大学文化产业管理学院副研究员。

① ［美］斯坦利·巴兰、丹尼斯·戴维斯：《大众传播理论：基础、争鸣与未来》，曹书乐译，10页，北京，清华大学出版社，2004。
② 同上。
③ ［美］威廉·A.哈维兰：《文化人类学》，翟铁鹏、张钰译，461页，上海，上海社会科学院出版社，2006。

研究跨地域、跨民族的传播轨迹、规律和其流变性特征等。

本文所关注的"传播"，更偏向于需要借助传播渠道和传播技术实现的媒介传播，尤其是借助近现代产生的大众媒体实现的非物质文化遗产的信息与知识传播，而这隶属"大众传播"这一分支。

但在媒介传播进入所谓"新媒体时代"的时候，大众传播与人际传播的界限又不再那么清晰。社交媒体的崛起和其显著的人际传播特质，使得大众传播又一定程度上回归人际传播网络之上。这时，人际传播的特点又成了大众传播内容提供方需要考量的重要因素，如受众的信息反馈已不再居于信息传播的辅助位置，实时表达与即时互动成为大势所趋；受众不再满足于语言文字、静止图像甚至是预设的视听内容，提供受众主导、全感官参与的传播体验势在必行。

二、传播非遗的必要性

非物质文化遗产传播的必要性在哪里？国内有多位学者曾经倡议要"回到"联合国教科文组织的《保护非物质文化遗产公约》（以下简称《公约》）探讨非遗保护措施，那么，在回答这个必要性的问题时，不妨也首先"回到"《公约》。实际上，在《公约》中，传播既是保护的"因"，也是保护的"果"。

在《公约》行文的"前提"部分就明确了："考虑到必须提高人们，尤其是年轻一代对非物质文化遗产及其保护的重要意义的认识""认为非物质文化遗产是密切人与人之间的关系以及他们之间进行交流和了解的要素，它的作用是不可估量的。"可见，《公约》将非物质文化遗产对于人类的意义（至少是意义之一）定义为密切人际关系与人际交流，而制定《公约》也正是为了提高对非遗保护的认识，两者都与传播紧密相关。

在《公约》通过（2003 年）且我国成为第六个加入《公约》的国家（2004年）之前，"非物质文化遗产"这个名词以及它所涵盖的大多数内容并不为社会所关注。当时从事民族民间文化保护、从事民俗学等相关学科研究的前辈们可能也没有预料到：不久之后，他们的工作成了一个热点，并且不断升温，接连上"春晚"、上"两会"，持续走高在大众传播的"波峰"，上升为一场轰轰烈烈的"文化运动"。

截至 2017 年年底，本研究在"百度指数"中进行了非物质文化遗产关注指数的相关查询，或可作为参考①。在"百度指数"中输入"非物质文化遗产"之后，可显示"搜索指数趋势""媒体指数""人群画像"等指数内容，基于百度搜索引擎所获大数据的分析，非物质文化遗产的社会舆论关注趋势和关注人群状况等信息可供参考，具体可参考图 1 至图 5。

在"搜索指数趋势"（图 1）中，综合 PC 端和移动端数据，可看到"非物质文化遗产"在 2011 年至 2017 年 7 年间的指数趋势曲线整体有所上扬，其中，每年"文化和自然遗产日"（6 月的第二个星期六），以及春节、中秋节等中国传统节日期间，指数会不同程度地上扬。

---

① "非物质文化遗产"百度指数查询，百度指数，http://index.baidu.com/，2017 年 12 月 11 日。

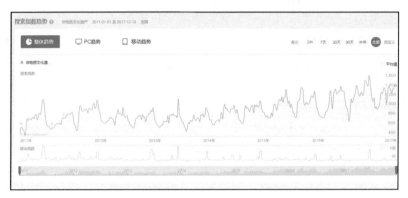

图 1 非物质文化遗产－百度指数－指数趋势－整体趋势

在"搜索指数趋势"（图 2）中，可以查询到 2006 年 6 月至 2017 年 12 月的"PC 趋势"（PC 端数据），在 10 余年中，非物质文化遗产指数整体呈上升趋势。其中，在 2011—2012 年形成第一轮指数峰值，《非遗法》实施时间（2011 年 6 月 1 日）恰好在这一时间区间；而在 2016 年上半年又形成了第二轮指数波峰，峰值出现在"两会"期间。

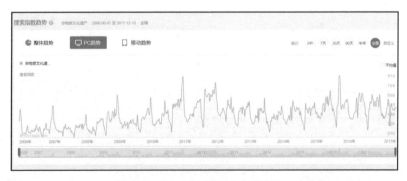

图 2 非物质文化遗产－百度指数－指数趋势－PC 趋势

在"搜索指数趋势"（图3）中，"移动趋势"开始于2011年1月，"非物质文化遗产"指数曲线呈现显著上扬趋势，这也印证了有关非物质文化遗产的资讯近年来在移动端的传播热度不断上升的表象。

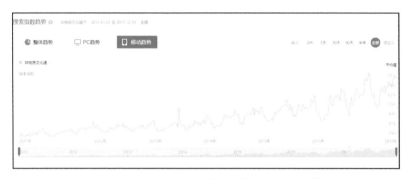

图3　非物质文化遗产－百度指数－指数趋势－移动趋势

在"媒体指数"（图4）中，可见从2011年1月起，新闻媒体对非物质文化遗产的关注度整体上趋于平稳，规律性地在"文化和自然遗产日"、春节等时间区间出现波峰，有时会因为与非物质文化遗产相关的社会事件而出现意料之外的短暂上扬。

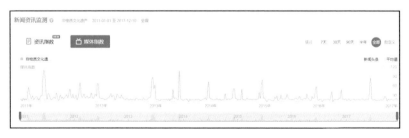

图4　非物质文化遗产－百度指数－新闻资讯监测－媒体指数

在"人群画像"的"地域分布"中，可以看到关注"非物质文化遗产"的热点区域和省份。北京是最热衷"非物质文化遗产"的城市，而华东地区则因浙江、上海、江苏等省份、直辖市都普遍较高的关注热度居于区域排行榜首位。

在"人群画像"的"人群属性"（图5）中，可以看到，30～39岁是非物质文化遗产的主流关注人群，其受到了互联网使用人群年龄分布的影响，但又呈现出与普通网民年龄分层情况不同的人群分布规律。

图5　非物质文化遗产－百度指数－人群画像－人群属性

近年来，非物质文化遗产的传播越来越得到国家和社会的重视，已经成为传媒、教育、公益、电子商务等各个领域广泛参与的社会事项。

三、"传播"在非遗传承发展中的作用

2014 年，全国政协委员田青做客人民网时谈道：非物质文化遗产是我们民族的根与魂，是我们民族的"DNA"。实际上，当我们需要创设一个模型来直观说明非物质文化遗产的发展规律以及传播所起到的作用时，DNA 的双螺旋结构恰恰较为吻合。借助这一模型来模拟非物质文化遗产的传承发展过程，就能更加具象化地探究传播在其中所发挥的作用。

非物质文化遗产所涵盖的人类无形文化创造随着时间的推移，其发展过程呈现出类似于 DNA 的双螺旋结构，DNA 的两条主链 (backbone) 分别是非遗本体相对稳定的传承形态（简称"传承主链"）和非遗在跨时空传播中提取、融合、变异的衍生形态（简称"衍生主链"）。两者在历史演进中不断通过主链之间的"链接键"交替连接，似麻花状绕着共同的轴心盘旋延伸，形成双螺旋构型。

在这一结构中，两条主链是缺一不可的，它们之间不断通过"链接键"进行交换、输送，这又是螺旋结构得以稳定且保持动势的基本条件；"链接键"

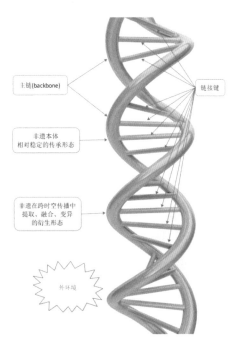

图 6　DNA 双螺旋结构模拟非物质文化遗产传承发展过程

即是传播渠道，其中包括了自发性的人际文化传播，也包括有意图的、组织性

的以及借助媒介实现的群体传播、大众传播行为；这一结构所赖以存在的"外环境"，与非物质文化遗产传承状况与传播效果密不可分，"外环境"在不同历史阶段会呈现稳定型、促进型和阻碍型等不同影响效应。

正确理解这一双螺旋构型，研究如何发挥"链接键""外环境"的正效应，对非物质文化遗产在当代社会的传承发展具有现实意义，既有助于把握非遗作为一类信息与知识的基本传播规律，也有助于确立非遗保护应持有的基本立场。

四、发挥"链接键"和"外环境"的正效应

非物质文化遗产要实现有效传播，首先需要明确传播的对象和目的。故宫博物院前院长单霁翔在接受媒体采访时曾谈道：故宫的生命力很大程度上取决于懂得它的价值的观众之多寡。最不能忽视的是年轻人对故宫的兴趣。[1]故宫的价值举世公认，但维系其生命力的重要因素仍旧是其价值的传播，是传播对象——年轻人对其价值的认同。

与故宫等物质文化遗产相比，非物质文化遗产更需要依靠传播生存。台北艺术大学传统艺术研究所所长江韶莹的观点与之不谋而合，台湾地区在全方位保存非物质文化遗产之外，通过开拓观众群、发展年轻一代的传承者来守护非物质文化遗产以及台湾的文化路径。[2]

传承人作为非物质文化遗产的传承主体，是传承主链的内核；而传播对象中的兴趣人群，特别是近年来提出的群体传承概念——"传承人群"，是衍生

---

① 李少威、单霁翔：《让故宫"活"起来》，载《南风窗》，2016（2）。
② 石昊鑫：《全球专家汇聚非遗国际论坛 共促文化传承与时俱进——第五届中国成都国际非物质文化遗产节非遗国际论坛》，中国经济网，http://www.ce.cn/culture/gd/201509/23/t20150923_6563365.shtml，2015年9月23日。

主链赖以活跃"生长"的原动力。一位记者在报道阿里年货节中的非遗众筹活动时就谈道：对于高密井沟镇河南村这门濒临灭绝的传统剪纸手艺，有多少人还关注和喜爱比有徒弟愿意学更重要。①

从以上这组观点中，可以提取出"懂得它的价值""年轻人的兴趣""青年一代的传承者""外面世界的关注"等核心短语，而这些短语正好分别指向传播的目的和对象。以非遗价值的传播为目的，以全社会特别是青年一代为传播对象，如何通过传播促进更大范围人们价值认同的形成、帮助更多非遗项目"回归"日常、焕发生机？本文认为，可以由发挥"链接键"和"外环境"的正效应入手。

（一）由名词普及向深度传播过渡

传播学者认为，"文化是当今具体的人为自己创造秩序和意义的时候产生的东西，不仅仅是通过主观心理分析去认识的个人倾向、态度或理念，也包括必须通过客观社会去认识的社会结构、政治体制、公众行为和行为空间、人际互动机制等"。②可见社会、政治及其他外部空间对于文化传播的影响力。

在非物质文化遗产普及性传播的初期，非遗不可避免地沦为了产品市场营销的标识性"噱头"，非遗项目传承人和保护单位意识到内涵传播、价值传递的裨益和可持续性是一个过程。与此同时，在研究领域，越来越多的学者意识到现代传播对于非遗传承走向的影响力、对于传承人和从业者生计的作用力，开始关注非遗在当代传播环境中的状态变化。

近年来，非物质文化遗产保护的"外环境"在传播助力下持续升温，从媒

---

① 李致：《阿里年货节：众筹一张记忆里的红窗花》，《新京报》，http://www.bjnews.com.cn/news/2016/01/16/391693.html，2016 年 1 月 16 日。
② 陈卫星：《传播的观念》，4 页，北京，人民出版社，2004。

介传播的高出镜率，到高频出现在经济社会各个领域，逐渐升格为社会关注的热点。纪录片传递内涵、美感与精神，文化传承类综艺节目传递乐趣、兴趣与知识，大型晚会等特殊收视高潮则在继续扩大非遗的关注度与影响力，非物质文化遗产的媒介传播已由名词普及阶段转入深度传播阶段。比如，2012年播出的《留住手艺》、2015年播出的《指尖上的传承》、2016年播出的《传承》等是专门讲述非物质文化遗产保护价值与传承故事的纪录片，而家喻户晓的《舌尖上的中国》《我在故宫修文物》《大国工匠》《记住乡愁》等都从不同视角传播了一些非遗门类和项目的独特魅力与传承精神；北京卫视的传统文化展示真人秀《传承者》和中央电视台文化传承类综艺节目《叮咯咙咚呛》目前都播出了两季节目，创新表达方式的同时弘扬传统文化，探索非物质文化遗产与大众娱乐的结合方式。

但现阶段，舆论传播的一些固有弊端仍旧深度影响着非遗传承发展的外环境，仍旧需要时刻保持警觉。比如，"工匠精神""手艺"这些名词在这两年的传播环境催生中兴起，但仍停留于"热词"层面，这些名词的盛行并不意味着传统技艺已然复兴。

（二）对遗产的良好阐释是前提

非遗的通识性传播及其作为文化艺术资源的转化应用，不是非遗传承人或非遗保护工作者可以独立完成的，需要优质社会化资源的协作。特别是各门类非遗元素的提取、再设计及引入日常日用。现阶段，正在文化创意产业及相关领域遍地开花，在相隔较远的产品制造领域也开始崭露头角。这种情况下，无论是基于单个非遗项目，还是基于非遗保护这一整体，对遗产的良好阐发和解读变得尤为重要。例如，在非遗衍生品设计中，现阶段的主要方式还停留在传统工艺美术类、民俗类非遗项目的代表性图案、造型、原料、样式等的直接提取使用上，有时难免为缩短研发周期、节约产品成本等"舍本逐末"，造成遗产价值的弱化和碎片化。对遗产的良好阐释实际是疏通、扩充和优化"链接键"的过程，辅助传承主链实现遗产内涵、价值等精髓部分的广泛有效传播。

（三）与非遗传承发展规律相吻合的传播导向

非遗热，不等同于绝大多数非遗项目及其从业者都得到普遍的社会关注。我们需要提高的是全社会的文化自觉意识，提高公众对非遗及其实践者的整体认知。例如，一些与现代社会相距较远的传统手艺仍旧处于极少数传承人苦苦支撑的局面，濒临失传，得不到足够的物质与精神支撑。因而，亟须在社会舆论语境中有意识地营造"立传统为标杆"的导向，使得非物质文化遗产等传统文化的抢救保护和主动传承升格为一种全民意识与自觉行为。

近两年，借助网络平台、依靠民众参与的众筹融资模式在国内非遗相关行业风生水起。比如，2015 年 8 月，上海评弹团公布原创中篇评弹《林徽因》的众筹计划，2016 年 3 月与金融机构实现合作，初现众筹雏形；2016 年春节，"故宫淘宝"与"淘宝众筹"合作发起了非遗众筹项目，加入"故宫淘宝"年轻设计师的创意之后，朱仙镇木版年画、高密剪纸等非遗传承人手工制作的年货作品吸引了过万网友的参与和点赞，包括"龙凤呈祥"年画、"帝后赐福"剪纸、"探花"主题布鞋等 5 个项目在 4 天内筹资金额即达 35 万元，被媒介称为"年轻与传统的一次对望"。

营造正向影响的同时，优化外环境还需及时纠正错误的舆论导向。例如，从端午节到拔河，国内媒体与大众连续数年的"韩国抢申非遗"误导性传播。实际上，韩国的"江陵端午祭"与中国端午节既有关联又有差别，自成一套完整的民俗活动。联合国教科文组织官员蒂莫西·柯蒂斯就曾说过："非物质文化遗产的保护和传承，重要的是这种文化的生命力，而不是它的原产国或原产地。"

（四）小众化社群促生传承人群

告别三大传统媒体垄断的大众传播时代，一个重要的转变就是基于移动互联和社交媒体的小众化社群成为黏合度极高的传播渠道。在当代非遗相关传播推广行为中，借助故乡情结、猎奇心理、特定审美情趣和兴趣爱好等形成并持续的小众化社群，有效促发着非物质文化遗产传承发展的"链接键"，依赖着人群特定的传播需求而保持着很高的信息到达率和对象参与度。例如，绒线编结是上海一项重要的传统工艺美术项目，绒线编结工艺美术大师黄培英、冯秋萍等在20世纪曾引领数十年的"生活风潮"。到了21世纪初，随着生活节奏加快等原因，绒线编结渐渐从人们生活中消失，只有极少数人还在以"织绒线"的方式打发消遣时光、传递手工编织的温暖。不过，基于国内某知名电子商务平台，一个规模不小的都市"织娘"社群稳定运营着，截至2017年2月，其粉丝数达到8.7万，卖家将自己编织的绒线制品争相"秀"图，绒线编织的乐趣超越了网购本身；此外，还依托社交媒体公众号聚集"兴趣部落"，发布粉丝作品集、开展线下沙龙活动，某种程度上形成了一个共同寻找绒线编织当代"回归线"的兴趣社群。

（五）非遗数字资源的价值凸显

媒介传播已由传播渠道为主回归为传播内容为主，媒介之间的传播能力差距已被打破。比如，越来越多的内容提供方选择社交媒体传播原创自媒体信息，那么，后台内容资源的首创性、吸引力和丰富性，直接决定了受众关注热度和粉丝集聚能力。

笔者曾在《非物质文化遗产数字化研究》一书的结尾写道："基于网络的非遗数字资源，将越来越成为让非遗进入普通人关注视野的最佳途径，也将越来越成为非遗保存、保护与传承的主要信息源泉与实现途径。"也正是这短短的几年时间，基于移动互联、社交媒体与网络应用，非遗数字化传播的范围、速度与影响力甚至超出预期。

比如，基于主流社交媒体的公众账号，承担着信息传播的门户作用。截至目前，非遗相关的微信订阅号、公众号数量巨大，其中经过认证的公众账号就成百上千，不少订阅号的发布频率、阅读量与粉丝量也很高。这些订阅号、公众号的功能定位包括：部门工作讯息发布与活动组织、研究机构信息与学术发布、公司法人资讯转载与业务介绍、个人研究成果自发布平台等。例如，浙江省象山县的非遗订阅号"象山非遗"每天都会推送消息，逐个介绍当地非遗项目，文字质朴也很到位，也经常组织接地气的教育活动，拥有一大批"忠粉"。

正基于此，对非物质文化遗产所包含的传统文化事项和艺术表现形态进行数字化记录和保存，所生成的非遗数字资源的价值已不再停留于保存记忆的层面，只有实现数字化才能使遗产实现虚拟环境广泛传播。非遗数字资源在当代非遗传承发展中的价值已上升到了不可取代的地位。

五、结语

在非物质文化遗产传承发展的双螺旋结构中有两条主链：一条是非遗本体生命力的延续，另一条是非遗在横向和纵向传播中发生的变异、重组和融合，

其中就包括了提取部分非遗要素之后生成的所谓"衍生品"。这一过程在古代也同样发生着，只是这一价值发掘、重组和应用的产物已然经历了社会认同的检验。其中留下来的精华部分成了当代人传承的非物质文化遗产；抑或在其演进历史中又经历了新一轮的传播与再造，最终被淘汰。因而，这两条主链在保持着相互独立、平行发展的态势时，也始终存在相辅相成的关系。再举一例，苏州评弹有许多流派，鼎盛时期更是唱腔流派不断推陈出新。"师傅领进门，修行在个人"，家喻户晓的"蒋调"，形成于20世纪30年代后期，就是蒋月泉在其师傅周玉泉"俞调"的基础上吸收北方曲艺的唱法之后发展而来，以本嗓演唱、韵味醇厚、旋律端庄著称，其代表性曲目如开篇《杜十娘》堪称经典。

可以说，这一双螺旋结构也恰好印证了文化的继承性与文化发展的客观规律，印证了传统元素得到当代青睐存在必然性。在当代，创意产业不仅能够通过促进文化消费带来经济收益，而且也会带来促进地区文化意象的传播、地区居民文化认同与保护意识的激发等正面效应。但需要警惕的是，创新收益又会直接刺激地区内的原有传承形态，引导审美与技艺的趋同性，在非自然状态下短时间破坏了遗产本体的正常传承，需要采取干预性保护措施。

非物质文化遗产
传播的理论研究

非物质文化遗产的传播策略

● 喻国明 *

一、高科技手段的利用

表达非遗、传播非遗、保护非遗要站在社会与时代发展的角度，既要保留非遗的本质又要充分利用当今飞速发展的科技手段。科技传播的最主要特征就是数字化，它的传播功能主要体现在以下两个方面。

（一）助力表现、表达与生产

如今我国开始试行 5G 通信，有很多人仅仅把它理解为通信速度的加快。其实它对改变整个社会面貌、产业面貌具有重大颠覆性的意义。5G 速度提升之后，基于客户端的所有的硬件、软件产业都有可能归零，因为所有的应用软件都可以从云端调用，而不需要去客户端购买。5G 技术的发展也催生了 VR 产业的发展，这一产业对于非遗的传播分享有重要意义，它可以提供让人身临其境的体验，并且能够实现多重的连接，进行情景分享。虽然这一产业尚未发展成熟，但这是一个吸引年轻群体的重要契机，需要予以重视。

（二）大数据挖掘与分析

今天的传播环境是非常复杂、多样和碎片化的，用数据引导用户显得尤为

---

*   喻国明，北京师范大学新闻传播学院执行院长。

重要。非遗的传播如果没有数据进行引导，它可能会是无效的。数据的作用在于让有关非遗的信息在信息海洋之中脱颖而出以便更容易被找到。除此之外，在用户方面，也可以运用大数据进行用户分析，根据用户的浏览习惯生成特定的用户画像，以便将信息传达到真正对非遗感兴趣的人手中。然而，我国有关非遗的研究机构所掌握的数据库资源非常有限，政府可以适当向研究机构开放部分数据资源，以便提升其研究能力。

二、借力社会发展趋势

在今天喧嚣的传播背景之下，任何单一的信息传播，其声音都是弱小的。因此，信息传播都需要有一种整合意识和接力意识，单靠一类媒体的传播难以获得预期的效果。而在接力传播、整合传播当中，借助社会的发展趋势最能形成自己的传播影响力。非物质文化遗产本身非常重要，但它与大众的日常生活有距离，无法进入大众的视觉中心。若想让非遗从大众关注的视野边缘走向中心，就必须借助社会时事。这种借助就像荀子在《劝学篇》当中说到的"君子生非异也，善假于物也"。

三、新媒体的信息整合与多层次利用

今天算法型①的内容分发和社交链传播占据信息传播途径的80%。非遗的传播若想扩大传播范围也应进入这个相对陌生的传播领域。它的传播原理其实非常简单，只要突出非遗自身的某些特征，将其标签化，这些带有标签的信息

---

① 指基于算法对于信息和人匹配的分发。

就会被分发到许多信息平台。这是一项事半功倍的工作，值得深入研究。

四、顺应"后真相时代"传播特点

"后真相时代"传播的最大特点在于：事实本身在形成社会认知、社会认同中已经不是最重要的因素，在事实背后的关系因素、情感因素成了传播认同与传播接触最重要的驱动因素。这也意味着只有当非遗形成一种跟人们的生活息息相关的联系时，它的传播才能够真正走进千家万户，占据人们内心的一席之地。

解码非遗，传播让主流变得更潮流

● 范　周[*]

● 范　周*

传承非遗既需要保护凝聚着先辈智慧的传统技艺，更需要不断拓宽非遗传播渠道。常言道，"酒香不怕巷子深"，但是，在互联网时代背景下，这一命题转变为"酒香也怕巷子深"。认真梳理我国非遗传播发展现状，发现其中亟待解决的问题，进一步明确传播的意义和路径是更好地保护、传承非遗的应有之义。

一、非遗传播"良性进化"

目前，我国进入各级非物质文化遗产代表性项目名录的非物质文化遗产已达 10 万项，其中国家级的有 1 372 项，39 项入选联合国人类非物质文化遗产名录名册。同时，非遗传播领域也取得了突破性进展，尤其是在互联网的加持下，非遗传播的主体、渠道和受众都发生了深刻变革。一方面，传播主体扩大化。从最初单纯依靠政府有关部门组织推广，到民间传承人自发宣传，再到学界、媒体界、商界的加入，非遗传播主体的基数在不断扩大。另一方面，传播渠道日趋多元化。最初非遗的传播渠道主要集中在主流媒体和行业媒体等，但是新

＊　范周，中国传媒大学文化产业管理学院院长。

媒体、短视频、直播的出现进一步丰富了非遗传播的渠道。例如，2017 年 9 月，文化部、中央网信办启动了"喜迎十九大·文脉颂中华"非物质文化遗产大型网络传播活动。据统计，1 个月内，网上媒体报道量达 51.6 万篇，网民转发讨论量 189.5 万条，微博平台"喜迎十九大·文脉颂中华"等相关话题阅读量达 5 981 万人次。

二、非遗传播仍处于初级阶段

随着我国非遗传播工作的不断开展，传播主体逐步扩大，渠道日趋多元，取得了良好的传播效果。但是，由于目前我国非遗传播工作仍处于初级阶段，所以在媒介潜力挖掘、社会参与程度等方面仍需进一步强化。

（一）媒介传播潜力尚待挖掘

据第 40 次中国互联网络发展状况统计报告显示，截至 2017 年 6 月，我国网民规模已达 7.51 亿，中青年网民占整体网民数量的 72.1%。由此可见，中青年是互联网渠道开展非遗传播的主要目标群体。2018 年"文化和自然遗产日"前后，快手 APP 联合央视财经频道特别策划推出"我的家乡有非遗"系列主题活动。网友上传 3 500 多个短视频作品，8 100 多万人次参与；对全国非遗曲艺周进行了 7 场直播，累计观看人数 1 896 万人次，累计获得点赞 3 607 万次。由此可见，网络媒介在推动非遗传播方面已然开始发挥重要作用，但是，对非遗的重视在互联网传播领域尚未达成行业共识，媒介传播潜力尚待挖掘。如何

丰富非遗传播形式、如何以更强的互动性和体验感来充分展现非遗之精髓就成
为需要行业深思的问题。

（二）警惕非遗传播的"跑马圈地"思维

非遗属于活态文化，非遗的保护和传承应是以人为主体的传承，因此受人
口流动影响，非遗具有很强的地域性和流变性。但是，目前我国对非遗的保护
和传播依然主要按照传统行政区域进行划分，使得一些非遗传播主体产生了"跑
马圈地"的思维，将非遗资源看成是自身独享的文化资源，从而产生排他性。
这就为非遗传播设置了人为障碍，无形中也让非遗传播重点局限在当地的"一
亩三分地"。从文化传播层面来看，非遗传播主体应该有意识地打破地域限制，
跳出自身的狭小空间，加强跨区域传播，强化非遗资源整合，从而使非遗真正
融入文化大环境之中。

（三）避免理解偏差掩盖"明珠"光芒

非遗就像一颗蒙着尘埃的璀璨明珠，其自身光芒不能因传播过程造成的社
会理解偏差而被掩盖。例如，有人认为非遗是老气横秋的古董，与现代生活相
隔甚远；有人将非遗等同于文物，认为非遗"只可远观，不可亵玩焉"。目前
出现的种种导向偏差都在无形中为开展非遗传播工作设置了障碍。此外，并非
所有媒体都对非遗传播足够重视，在注重流量、制造话题的"注意力经济时代"，
古朴典雅的非遗难敌自带流量的网红和"小鲜肉"，多数媒体为了获取短期经
济收益还是倾向于选择易夺人眼球的内容，这也就导致非遗在社会关注中易遭
边缘化。

三、非遗传播未来展望

（一）数字技术为翼，温度质感为体

运用现代数字技术将传统的非遗予以活态展现，通过多重连接和情景分享为受众营造身临其境之感，让非遗能够"听得见""带得走""学得来"，从而使之成为触手可及的生活方式。例如，在首届"数字中国"建设峰会数字非遗板块中，公众通过扫描 AR 卡片、AR 电子书就能在手机上观看立体化的妈祖信俗、中国剪纸等非遗项目；只需要戴上 VR 眼镜，便可置身于传承人工作室中一同学习烙画、漆画等非遗技艺。

在非遗传播过程中，不仅要重视传播信息本身的事实性和逻辑性，更要思索如何从关系维度和情感维度上拉近与公众之间的距离。为此，一要充分运用互联网共建、共享的特点积极扩大非遗传播影响力，二要加快建立非遗资源要素的现代转化机制，革除公众对非遗的陌生感和神秘感。文化部恭王府博物馆的品牌活动"锦绣中华——中国非物质文化遗产服饰秀"，巧妙地将现代时尚产业与传统服饰文化相结合，在短短 6 天时间里上演 11 场精彩绝伦的非遗服饰秀，给现场观众和广大网友带来视觉盛宴。此外，此次活动在宣传传播方面也取得了亮眼的成绩。据统计，共有 23 家网络直播平台参与了联动直播，累计获得近 5 800 万次的点击观看量以及超过 1 000 万条网友互动。可见，只有"捧出"有温度、有质感的非遗传播作品，才能使非遗与公众心灵发生情感共振，奏响涤荡心灵的华美乐章。

（二）借力发展大势，整合媒介资源

充分发挥借力意识促进非遗传播，才能得到社会群体的广泛关注。首先，要学会借助社会时代发展大势来传播非遗。不断更新非遗的表现形式和内涵，实现创造性转化和创新性发展。要努力打造一批特色鲜明、内涵丰富的非遗特色项目，助推我国非遗走出国门，使之成为世界人民了解中华文化的一扇窗口，成为世界文化交流共享的"中国特色"。其次，要学会充分整合媒介资源，借助新媒体来扩大影响力。通过运用算法机制实现非遗内容的有效分发，通过在社交平台制造话题、加强互动的方式加深公众对非遗的认知和了解，借助社交力量不断拓宽非遗传播半径。

（三）实施非遗教育，弘扬传统文化

非遗传播与中华民族的美育和人文素质培养、审美和文化鉴赏水平提升具有直接关联。普及非遗应从娃娃抓起，应将非物质文化遗产中的经典故事、道理、思想等融入日常课堂教学。为此，一要大力普及非遗，让新生代对非遗等中华优秀传统文化有系统、感性的认识，将非遗课程纳入国民教育体系，使之成为每个孩子的必修课。二要重点培养，在学校、社区中建立非遗传习体验场所，聘请非遗传承人开设专门课程，形成各类兴趣社团，让各个年龄段的学生在亲身学习传统非遗技艺中，加深对非遗的认知和了解。

（四）打造"非遗符号"，提升城市形象

经过历代传承与发展，非遗已经成为城市人文精神的重要标识。作为具有浓郁地方特色的文化资源，非遗在提升城市形象方面理应发挥重要作用。为此，

一要将非遗的文化传播作为提升城市形象的重要抓手，充分借助新媒体和社交平台展示当地非遗资源；二要为非遗的传承发展营造良好的城市文化生态，让其在城市文化空间中保持多样性特征，不受过多商业化因素的侵袭；三要通过开展非遗实践活动、塑造城市公共非遗空间等方式打造"非遗符号"，让非遗成为提升城市形象的重要文化标识，并让公众对其产生价值认同和情感共鸣。

非遗传播：怎样凝聚关注的力量

● 张玉玲 *

对非遗，要形成良好的社会氛围和消费环境，让传承人有尊严、有收入，非遗才能重现活力和生机，才能做到创造性转化和创新性发展，进而让中华文化展现出永久魅力和时代风采。2018 年 7 月，由文化和旅游部非遗司支持，中国传媒大学承办的"2018 非遗传播专题研讨"，专家学者和媒体人士共同为非遗传播"定弦定调"。

一、理念：传承和传播"双轮驱动"

2018 年，"文化和自然遗产日"期间央视推出一期别开生面的"非遗公开课"：以中国传统木结构营造技艺中的"斗拱"为灵感的中国风舞台，奉贤滚灯、二十四节气、口技等非遗项目与时装秀、灯光秀等新颖的表现形式完美融合，再结合专家讲授、嘉宾体验，向观众生动阐释了什么是非遗和为什么要保护非遗。非遗就在我们身边，触手可及，它是我们的生活方式。

这期"非遗公开课"，无疑成为 2018 年"文化和自然遗产日"3 700 项活动中最有社会影响力的活动，淋漓尽致地展现了非遗之美、非遗之魂。中国社

* 张玉玲，光明日报社文化产业研究中心副主任、主任记者。

会科学院荣誉学部委员、著名民俗学者刘魁立先生作为"公开课"的一位主讲嘉宾，全程感受到一档电视节目的传播对非遗界的振奋和激发：既增强了广大非遗传承人的自豪感，又激发了全社会传承发展中华优秀传统文化的文化自信和文化自觉。

"传播和传承一起，成为推动非遗工作的两个轮子。"在北京大学社会学人类学研究教授高丙中看来，"传播是非遗保护的基本方法和重要举措，广泛的非遗传播能为非遗保护凝聚全社会的文化共识，为传承发展非遗奠定更加厚实的基础"。

"非遗代表性项目保护，需要形成良好的文化生态系统。只有社会公众的广泛参与和积极实践，形成人人传承发展优秀传统文化的生动局面，非遗才能保持旺盛的生命力。"文化和旅游部非物质文化遗产司司长陈通表示，要动员社会各方力量加入非遗传播事业，不断扩大非遗传播"朋友圈"。

二、定调：不是"授人以鱼"，而是要"授人以渔"

国外的手工品是艺术品，手工品的价格比机器品价格高出十倍，甚至上百倍。而我国的手工却没有体现出应有的价值，还是低档、廉价的代名词。清华大学美术学院智能交互系统设计研究所所长冼枫认为，除了设计、营销的原因外，最主要的原因在于没有挖掘出手工的艺术价值，对审美价值和文化鉴赏也没有相应的引导。

　　与会者认为，对传统工艺类非遗项目不是要"授人以鱼"，而是要"授人以渔"，有了关注、有了消费，让非遗传承人有收入，能靠自己的技艺和技术"站着"挣钱，才会更有自信和尊严地进行传承。非遗传播，不是要去怜悯和同情非遗传承人，而是要关注非遗和传统文化传承，为非遗的发展营造良好的社会氛围；非遗传播，不是对非遗的施舍和捐赠，而是培育消费者对不同文化产品美的认同和接纳，为非遗的发展营造良好的市场氛围。

　　文化和旅游部副部长项兆伦表示，非遗保护的政策和措施是要增强传承活力与后劲，对于非遗传播的要求是引导和强化以下观念：非遗不是文物，非遗是在能动的实践中传承发展的文化传统；非遗保护的基本立足点是确保非遗的生命力，实现可持续传承和发展；努力实现传承非遗与改善生活、丰富生活的统一，提升年轻一代对非遗重要性的认识和参与积极性。

三、方法：让主流变得更清流、更潮流

　　90 岁的徽州木雕大师王金生和"80 后"木雕艺术家马文甲，在同一块木板上完成了一次创作；中华人民共和国成立后第一代动画工作者、《大闹天宫》的美术设计师严定宪老人和新一代三维动画设计师一起绘制美猴王的穿越之旅……北京电视台的《非凡匠心》节目，通过代际合作的方式，让老匠人与新青年完成一次艺术的交流与合作。在此过程中，北京电视台卫视节目中心主任马宏对运用电视综艺创新推动中华传统文化传承有许多想法。她希望通过非遗

传承人形象与艺术形象融合叠加，吸引人关注和思考，让主流变得更清流、更潮流。

"天是世界的天，地是中国的地。我们应从五千年文明中吸取养分，同时还应为传统和当代起到翻译转码的作用。"中央电视台财经频道《时尚大师》栏目制片人杨晓晖选取经典的中国传统文化意向为主题，组织设计师以此为命题进行设计，在节目中"一箭双雕"：实现中国传统工艺的现代化新生和中国文化的世界化表达。她还在尝试把电视节目和流行的电商消费相结合，线上线下联动，让更多人穿上中国元素的服装，感受文化之美、时尚之美。

"文化领域不缺机构、不缺人员、不缺资金、不缺成果，缺的是传播，尤其是基于新媒体的轻传播和碎片化传播，在非遗领域也有着同样的缺憾。"《光明日报》副总编辑陆先高建议，非遗传播要与时俱进加大新媒体传播。2017年《光明日报》率先创新运用网络直播传播非遗，推出30场"致·非遗　敬·匠心"大型系列直播，总观看人数达3 000万人次，让更多年轻网民更加直观地认识了非遗，为年轻人打开了一扇关注和了解传统文化的窗口。

"互联网的特点是共建和共享，人人都是参与者和创作者，要顺势推进非遗传播的全民参与。"北京师范大学新闻传播学院执行院长喻国明教授认为，全民参与就是各级政府、文化主管部门、公共文化服务机构、文化表演团体、学校、媒体等都应参与非遗传播，激发全民记录与全民共享优秀传统文化。

非遗传播要厘清的几项关系

● 韩　冰[*]

联合国教科文组织《保护非物质文化遗产公约》（以下简称《公约》）在前提部分明确提出："考虑到必须提高人们，尤其是年轻一代对非物质文化遗产及其保护的重要意义的认识""认为非物质文化遗产是密切人与人之间的关系以及他们之间进行交流和了解的要素，它的作用是不可估量的"。《公约》将非遗对于人类的意义定位为密切相互之间的关系和交流，而非遗传播是非遗实现连接人类文明的重要路径。

广义来说，传承人之间的代际传承和地域之间的横向扩布都算是非遗传播，如中国的端午节传播到韩国，演变成端午祭。但是，本文探讨的非遗传播主要是有意识地借助媒介和技术主动去实现的一种行为，而不是历史形成的过程。

关于非遗传播的重要意义和能够发挥的巨大功能，非遗和传播学界已经基本达成共识。非遗作为传播的内容，必然要遵循传播的普遍规律，而由于非遗这项内容的特殊性，非遗传播有自身的特点。本文尝试结合非遗传播的具体案例，来分析做好非遗传播的具体措施和要点。

* 韩冰，文化和旅游部资源开发司红色旅游处副处长。

一、传播方式：综合运用大众和人际传播

简单来说，传播分为大众传播和人际传播。非遗传播也主要围绕这两个方面展开。我们提到非遗传播，首先想到的是通过媒体面向大众传播。如 2017年 9 月的"喜迎十九大·文脉颂中华"非物质文化遗产大型网络传播活动是主题传播的典型案例。"喜迎十九大·文脉颂中华"开展的一个月时间内，网上媒体报道量 51.6 万篇，其中，新闻报道 20.5 万篇，微信文章 31.1 万篇。网民转发讨论量 189.5 万条，其中，微博信息 181.1 万条，新闻跟帖 7.1 万条，论坛贴文和博客文章共 1.3 万篇。另外，微博平台"# 喜迎十九大·文脉颂中华 #""# 文脉颂中华 #""# 非遗看中国 #"等相关话题阅读量 5 981 万人次。

在非遗传播的实践中，通过活动面向人际传播的非遗展示和通过媒体面向大众传播多是综合运用的。以"文化和自然遗产日"为例，为进一步加强我国文化遗产保护，继承和弘扬中华优秀传统文化，国务院决定自 2006 年起，设立"文化遗产日"，后调整为"文化和自然遗产日"。"遗产日"设立的目的是营造保护文化和自然遗产的良好氛围，提高公众对文化和自然遗产保护重要性的认识，动员全社会共同参与、关注和保护文化和自然遗产。从非遗传播的角度来说，"遗产日"设立的根本目的就是通过组织活动的人际传播、媒体宣传的大众传播等方式，让更多的人了解非遗、认识非遗、珍爱非遗，提高非遗的可见度，提升民众对非遗的关注度、喜爱度和参与度。

2018 年，"文化和自然遗产日"的非遗主场活动——全国非遗曲艺周。在曲艺周期间举办开幕演出 1 场，驻场演出 20 场，下社区演出以及社区的非遗活动 110 余场，座谈会 3 场，专家讲座 2 场，曲艺专题展 1 个，曲艺研修培训班 1 期，京津冀下乡专场演出 1 场。参与展演和各项活动的相关人员共 1 300 余人次，其中参与演出 900 余人次，参加交流调研 700 余人次，参与活动的现场观众达到 2 万余人次，通过网络直播平台观看活动的人数总计达 2 亿多人次。中央广播电视台、《人民日报》、新华社、《光明日报》、《中国文化报》、天津广播电视台、《天津日报》、《今晚报》等主流媒体播发稿件 140 多篇，百度上全国非遗曲艺周的搜索数据超过 150 万条。全国非遗曲艺周的活动产生的广泛影响不仅体现在人际传播上，更是通过大众传播，惠及了更多的人民群众。

非遗的人际传播形式虽然更为丰富多彩，如展览、展演等展示方式，或亲身体验等互动方式，但长期以来无论是学术界还是非遗保护主管部门都并未对非遗人际传播的主要形式——非遗展示进行过专题、专业的研究。

在积累了大量非遗展示实践经验和案例的基础上，2017 年，非物质文化遗产司首次提出了"非遗策展"的概念，就提升非物质文化遗产展示展览工作水平进行了初步探讨，并将在非遗策展的实践中遇到的问题，提炼出了"策展三问"，即在非遗展示最常遇到的难题和困惑、非遗展示应遵循的基本规范、非遗展示的基本流程。近两年，通过实践探索和归纳总结，基本上达成了以下共识：一是要更加重视学术梳理与研究，做到"不研不展"；二是要更加专业化，策展理念明确，通过一定的角度和逻辑串联起整个展览；三是要更具体验性，根据非遗项目特点设置体验区；四是要采取更加全方位的展陈方式，充分运用新媒体等手段；五是非遗展示展演活动要与原有民俗活动相结合；六是要尽可能贴近社区民众，促进非遗展示展演进社区。

因此，我们在谈非遗传播的时候，不仅仅包括狭义上的媒体传播，而应该包括广义上的非遗项目的展示以及相关活动，如进行非遗策展的研究。在进行非遗展示的时候，同样应该结合项目和活动的特点，有针对性地安排非遗宣传的形式和渠道，如进社区类的活动就非常适合运用网络直播平台的传播方式扩大受众面。非遗传播，不仅要形成主流媒体筑牢舆论阵地、新兴媒体扩大影响力、社交平台推动二次传播的格局，也应该形成大众传播和人际传播的非遗传播整体矩阵：在活动策划之初，配合宣传方案进行通盘考虑；在活动进行中，按照事先拟定的要素和脚本，做好各种资料和影像的记录工作；在活动总结中，除总结活动本身的组织工作之外，同时对组织相关媒体进行宣传，对其效果进行总结。

二、受众分析：传播内容应兼顾普及和深度

从传播学上来说，受众指的是信息传播的接收者。大众传播的受众包括报刊和书籍的读者、广播的听众、电影电视的观众、网民。而非遗传播的受众显然还应该包括参与非遗活动中的人际传播的观众和体验者等。要提高媒介到达率，形成和保持非遗传播的受众群体，从而发挥非遗传播的各项功能，肯定要

对非遗传播的受众进行分析。

（一）非遗的持有者和实践者是非遗传播的对象

非遗根植于人民大众的生活之中，千百年来，勤劳勇敢的各族人民在适应周围环境、与自然和历史的互动中，创造了丰富多彩的非物质文化遗产，其中最具代表性的被列入了各级代表性项目名录，进而提高了可见度。非遗是以人为载体的活态传承的文化遗产，各级代表性传承人是其中的优秀代表，他们的多寡和对于遗产的掌握程度决定着项目的存续状态。

对于特定的非遗项目来说，代表性传承人是持有者。就掌握某项遗产的熟练程度来说，代表性传承人是专家，也是大众媒体的主要报道对象。非遗传播的过程中要尊重他们的意愿，动员他们广泛参与，通过他们的学艺、守艺故事，介绍非遗代表性项目的技艺特点、文化和艺术价值，进而提高非遗的社会影响力。以人为视角的非遗传播方式有很多，如第五批国家级非遗代表性传承人认定工作结束后，《中国文化报》开设了专栏，并从中选取了31位代表性传承人进行专访，以点带面地展示了各地、各类别国家级非遗代表性传承人的风采。

人民大众是非遗的实践者，也是非遗传播的主要受众，是非遗传播最广泛的发动对象，吸引他们的关注和参与是非遗传播最重要的任务之一。在注意力稀缺的时代，为了增加对人民大众的吸引力，就要丰富传播的手段和方式。如北京卫视《非凡匠心》是一档体验类真人秀栏目，通过演艺明星向传承人拜师学艺，介绍相关项目和技艺特点以及其中蕴含的工匠精神和文化内涵；通过明星学艺增加互动性和体验感，降低公众对非遗的陌生感，使非遗与人们的情感产生交融共振。

（二）非遗传播受众群体逐渐形成

人民大众天然是非遗的主人，是非遗的创造者、参与者、传承者，也是非遗的最大利益攸关方，应该成为最终的受益者。非遗的保护和传承需要社会的广泛参与。在传播的助力下，"非物质文化遗产"这个相对拗口的名词已经完成了名词普及的阶段，而且随着高频出现在经济社会各个领域，已经成为社会关注的热点。在研究领域，也有越来越多的学者意识到非遗传播对传承的重要作用，关注到非遗传播的理论和实践。同时随着《我在故宫修文物》等纪录片、《传承者》等综艺节目的热播，以及《我们的节日》、2018年"文化和自然遗产日"央视播出的"非遗公开课"等大型专题节目，不断扩大了非遗的关注度和影响力。"人以群分"——非遗传播相对固定的受众群体逐渐形成，非遗传播有了向深度传播转变的内生动力。

对于很多非遗项目来说，需要一定的天赋，熟练掌握也并非一夕之功，很多传承人精于技艺，讷于表达，反而是他们受过较多教育的子女或者徒弟在表达方面更有优势。他们在推广、传播方面能够与时代接轨，与媒体对话。

非遗传播的受众群体中有很多是拥有丰富社会资源的，他们会依托自身所拥有的资源给予非遗支持。就自身拥有的资源来说，掌握话语权的媒体从业者是最容易产生传播非遗的专家的职业。通过媒体的报道，特别是新媒体、短视频、直播等新兴非遗传播渠道为非遗传播赋能，放大了非遗保护的声音，动员了更广泛的民众参与到非遗的传承和保护中来。现实中，不乏某项非遗项目因为媒体报道而吸引高素质人才加入传承队伍中的案例，促进了非遗的赓续。

（三）青少年是非遗传播的重点对象

中共中央办公厅、国务院办公厅印发的《关于实施中华优秀传统文化传承发展工程的意见》中强调，要"发挥青少年的生力军作用""形成人人传承发展中华优秀传统文化的生动局面"。

《公约》出台的一个背景是"考虑到必须提高人们，尤其是年轻一代对非物质文化遗产及其保护的重要意义的认识"。联合国教科文组织于 1997 年通过的《当代人对后代人的责任宣言》中提道：当代人应注意保护人类的文化多样性。当代人有责任确定、保存和保护物质及非物质文化遗产，并将这一共同遗产传给子孙后代。非遗作为文化表现形式往往历经时间的积淀，需要几代人的不断实践和传承；而年轻人的参与和继承事关非遗项目的存续力。在非遗传播中，青少年的参与，对于维系文化认同和加强社会凝聚力具有重要意义，成为非遗保护政策及其实践的必要条件。

当下，青少年作为网络世界的主力军，线上的内容深刻影响着他们的线下实践。在中央网信办网络新闻信息传播局、文化部非物质文化遗产司共同举办的"贯彻十九大·文脉颂中华"全国青少年 VR 短视频大赛启动仪式上，联合国教科文组织非物质文化遗产领域专家、中国民俗学会副会长、中国社会科学院民族文学研究所研究员巴莫曲布嫫指出："青少年在社交媒体上花费了大量的时间去探索，并乐于分享这种探索的结果。由此产生的互动环境也激发并加强了这一群体对于其他文化的认识和了解，并促使人们认识到学校教育以外的其他知识体系的重要性。"要让青少年成为非遗保护的生力军，还需依靠文化部门、媒体和社会的再次赋权。在文化实践和传播实践中将青少年人群整合为一个行动主体，从而为他们有效参与社会公共生活并塑造可持续未来创造适宜条件，这就需要根据非遗项目的实际情况，综合运用线上线下的传播手段，建立各种连接关系。

（四）非遗影像：连接非遗专业机构、专家和民众

非遗的保护措施包括确认、立档、研究、保存、保护、宣传、弘扬、传承和振兴。非遗影像贯穿了自立档至振兴的全过程。在2018年首次举办的非遗影像展上发表的"平遥倡议"，颇能体现非遗影像在连接非遗专业机构、专家和民众方面的重要功能。倡议的对象是非遗保护事业的实践者、研究者、记录者，各界人士——既包括搞研究的专家，也包括民众。随着现代科技的快速发展，影像记录已成为非遗工作中一道越来越出彩的风景线，成为非遗传承保护不可或缺的重要方式，发挥着越来越突出的作用。通过非遗影像，可以呈现非遗传承的千姿百态，畅享非遗影像记录的可喜成果。

对于非遗专业机构、专家来说，非遗影像记录应该遵循一些基本原则：一是见人、见物、见生活。非遗影像记录不仅要记录非遗项目和传承人群，还要记录文化空间和非遗如何融入日常生活。二是活态记录、活力再现。非遗影像记录应真实呈现非遗在城市、乡村各自不同的生存环境，跟踪其活态流变的过程。三是非遗让生活更美好。生动鲜活的非遗影像记录，能够提升公众对传统

文化的热爱，满足人民群众日益增长的美好生活需要。四是新时代、新生活、新传承。非遗影像记录应映照非遗的传承发展，及其与新时代、新生活的水乳交融。

随着影像器材的普及和发展，影像记录的门槛不断降低，使得非遗影像成为最易于实现人人参与非遗传播的领域。如2018年"文化和自然遗产日"前后，快手联合央视财经特别推出"我的家乡有非遗"系列主题活动，网友上传3 500多个短视频作品，8 100万人次参与互动；对全国非遗曲艺周进行了7场直播，累计观看人数达1 896万人次。非遗来源于生活，形成于生活，最终要回归于生活。对于民众来说，应该鼓励人人动手，参与到非遗影像的记录和传播工作中来。倡导全社会尤其是青少年拿起手机、照相机、摄像机等影像器材，随手拍下身边的非遗，通过网络等新媒体进行传播交流，提高非遗的可见度，形成人人喜爱非遗、关注非遗、保护非遗的社会氛围。

（五）非遗传播伦理规范的必要性

目前非遗传播存在"马太效应"的现象，有些非遗项目非常火爆，但不是所有非遗项目及代表性传承人都得到社会的普遍关注。非遗传播需要提高的是全社会的文化自信和文化自觉，提高公众对非遗的整体认识。在2014年版《实施〈保护非物质文化遗产公约〉操作指南》中，第四章"提高对非物质文化遗产的认识与《公约》徽标的使用"里，就对"传播和媒体"提出了详细的要求，如：鼓励媒体协力提高对非物质文化遗产作为促进社会和谐、可持续发展和预防冲突手段重要性的认识，而非只注重其美学或娱乐方面。其实针对的就是媒体更容易关注娱乐性强和艺术性较强的非遗项目，倡导关注各个类别的非遗项目。同时也提出了针对不同目标群体的专门节目和产品，还特别提出了针对青年人的互动交流，要发挥地方广播网络和社区电台的作用，促进社区内部的信息共享，以及强化非遗的非正规传播手段。

随着媒体对于非遗关注度的提升，也出现了一些问题。除了根据《中华人民共和国非物质文化遗产法》的相关规定和新闻报道的有关要求，在技术层面保证信息传达的准确性、传达正确的理念和内容、不得歪曲贬损之外，更多的是在伦理的层面上，非遗传播的规律和原则还未成型，可以称之为非遗传播的伦理规范正在建立中。如为加强艺术表现力或者赶时间，摆拍民俗活动导致的"去语境化"传播，直接导致了对非遗真实性、整体性的破坏。再如，为强调报道对象难能可贵的坚守技艺，凸显某项技艺的珍贵或某个人的贡献，不顾传承现状或者仅凭报道对象一家之言，就用"最后的×××"的角度人为将某项非遗项目置于"濒危"的境地。而新的技术手段的运用，可能会不知不觉地影响人们的视角，进而影响人们的文化心理。如在一些仪式性的场合中，按照传统习俗是不允许外人在场的，为了非遗传播的需要是否可以进行拍摄？这也是一个值得探讨的问题。

三、传播空间：实体和虚拟空间融合发展

一般来说，非遗的大众传播，主要依靠报纸、广播、电视、网络等虚拟空

间的传播。非遗的人际传播主要是依靠在线下实体空间发生的展览、展演、讲座等活动形式。随着技术的进步，使得在线观看展览、展演成为现实，虚拟现实技术带来的高科技展览设施又将文化空间扩展到了实体空间。线上和线下之间不是呈现截然分开的局面，而是线上和线下融为一体。

（一）线上展现：激发线下参与热情

虽然虚拟现实技术总是尽力带来更加真实的体验，但是由于缺乏互动性和体验感，无论是直播还是全景，线上的展现并不会影响观众实地看展的热情，反而可以激发他们去现场一探究竟的兴趣。2018 年内蒙古自治区举办了"守望相助——56 民族非遗邀请展"，除了可以去内蒙古自治区展览馆实地参观展览之外，还可以通过 VR 全景成像技术，在手机上就可以看到展览的全景和某个具体的展位。除去视觉、听觉之外，嗅觉、味觉、触觉及情感体验，仅靠实物展品或者数字多媒体是无法直接呈现与传播的，这也正是非遗活态演示的独特魅力所在。

第五届中国非物质文化遗产博览会采用生活化、场景化的展陈方式。织绣印染展区，近 5 米高、7 米长的南京云锦大花楼木织机上，一上一下坐着两位织工巧匠，他们一边展示南京云锦木机妆花手工织造技艺，口中还吟唱着"南京白局"，重现了明清年间，南京织锦工人边织云锦边唱小曲的情景。进入制茶酿造展区，茶香、酒香、醋香扑鼻而来，从嗅觉角度将参观者带入情景，还提供品尝体验的机会。

据中国互联网络信息中心调查表明，2017 年中国网络直播用户规模已经近 4.22 亿，年增长率达到 22.6%。网络直播正在利用其方便、快捷、高速的特点，在人们日常生活中广泛传播开来，各大网络直播平台更是一时间内层出不穷。

近年来，尝试在非遗展示活动中邀请自带粉丝和流量的主播进行网络直播。由于这些主播都是一定范围内的意见领袖，拥有粉丝群体，在他们的推荐下，会有更多的人关注到非遗活动以及非遗项目。如第五届中国非物质文化遗产博览会的现场观看人次达到 12 万。通过各大网络直播平台，有近 6 000 万人在线观看了本届博览会的各项活动，有效地扩大了博览会的影响力，实现了"全国人民看得见的博览会"的办会目标。

（二）线下活动：为线上引流

现在是注意力经济的时代，导流的代价已经非常高。曾有消息指出，在各视频网站刷播放量的价格，从 1 元 1 万点击量到 40 元 1 万点击量不等。而"今日头条"这类利用机器的个性化算法，按照用户兴趣进行智能推荐和新闻分发的平台，造成了信息茧房，更是加大了扩大宣传的难度和成本。非遗保护作为公益事业，政府部门不可能去为非遗传播购买流量或者取得数据分发的优先权。而线下的活动由于"物以类聚，人以群分"的针对性，反而可以更加精准有效地影响对非遗感兴趣的人群。

线上线下融合，线下为线上导流的经典案例是"双 11"全球狂欢节。线下晚会与线上抢购结合、电商与运营商共庆、逾千亿元的交易额，全球狂欢节将全球联动、促销盈利作为主要目的。2016 年起，阿里巴巴开始举办淘宝造物节。2018 年 9 月，第三届淘宝造物节在杭州西湖"柳浪闻莺"开幕。淘宝造物节投入亿元却"只看不卖"，店主会请感兴趣的观众直接添加对自己淘宝店铺的关注或者下单，淘宝网线上同期举办淘宝造物节活动。特意避开线下售卖这一环节，由淘宝遴选店铺出资搭建，总结梳理每家神店背后的故事。这意味着淘宝开始关注原创和社群，蓄力打造一个有内容、有交流、有创意、有体验的复合式社区生态平台。断桥时装秀和躁动森林音乐会，将杭州西湖户外场地的优势发挥得淋漓尽致，让每一位观众都能够在淘宝造物节上找到自己的心动店铺。虽然这只是一个彻头彻尾的"广告展"，但其新奇的体验让近300元的门票都一票难求。

以非遗"文市"中的店铺为例，既有国家级非遗项目泸州油纸伞和丰子恺漫画中的家族染坊丰同裕这样的老店的线上店铺，也有整合、解构缂丝、水族马尾绣等各种非遗项目进行文创的新生小店。店铺装潢设计在原有传统基础上加入现代设计重新包装，店铺的一句话简介更是加入了很多现代理念，如滩头木版年画被概括为"现代打印工艺的鼻祖"。

互动体验与营销传播相作用的模式将成为非遗展览的发展趋势。从媒体引流到沟通互动再到精神链接，极致体验将进一步促进非遗的人际传播内容多元化、传播多维化与体验多重化。

从线下到线上，民众已成为非遗传播的自媒介。多渠道、多角度、多方式的分享成为信息时代非遗传播的特点。值得关注的是，线下观众与线上互联网受众都是因为对非遗的兴趣而集聚在一起的社区生态的参与者，非遗活动的优劣势都将被互通互联的自媒体传播无限放大。在"互联网+"的大背景下，内

容设计、现场体验、舆论趋势、社群价值所带来的口碑效益将不可估量。

　　总之，非遗传播的方式从大众传播到人际传播，传播的主体和受众从普通民众到某领域的专门从业者，形式从线上到线下，其实很难截然分开，可以说非遗传播的过程就是连接人际到大众、专业和普及、现实与网络的过程。非遗传播有它的独到之处，在非遗的保护和传承之间，在非遗保护的工作者、研究者、媒体从业者和社会大众之间，在不同的社区和群体之间，非遗传播都发挥着超级链接的作用。做好非遗传播工作，不仅是非遗保护的必要手段之一，更会为非遗的确认、立档、研究、保存、弘扬等各个环节赋能，进而为非遗传承赓续，保持活力，可持续发展提供动力。

媒体报道中有关非物质文化遗产内容
应注意的伦理规范问题

● 谢　喆*

2017 年年初，中共中央办公厅、国务院办公厅印发了《关于实施中华优秀传统文化传承发展工程的意见》（以下简称《意见》）。《意见》明确指出，要"综合运用报纸、书刊、电台、电视台、互联网站等各类载体，融通多媒体资源，统筹宣传、文化、文物等各方力量，创新表达方式，大力彰显中华文化魅力。实施中华文化新媒体传播工程"。

联合国教科文组织在《实施〈保护非物质文化遗产公约〉的业务指南》（以下简称《指南》）中则直接将"传播和媒体"纳入非物质文化遗产保护工作中，《指南》中关于"传播和媒体"条文如下：

"鼓励媒体在提高大众对非物质文化遗产表现和表达形式多样性的认识方面做出贡献，特别是通过制作针对不同目标群体的专门节目和产品。"

"鼓励音像媒体制作优质广播电视节目和纪录片，提高非物质文化遗产的可见度，彰显其在当代社会的作用。地方广播网络和社区电台在弘扬地方语言和文化知识、推广优秀保护实践方面可发挥重要作用。"

文化报道与单纯的新闻报道不仅有报道对象、内容和形式的区别，更有报

---

*　谢喆，中央人民广播电台记者。

道的规律和规范的差异。尤其是当"传播和媒体"被涵盖到非物质文化遗产保护工作中时，就更应遵守一定的原则、把握特定的规律。当前非物质文化遗产报道的理论体系还比较薄弱，尚未形成完整、成熟的伦理规范，在一些领域还存在伦理盲区。由此形成的伦理困境，不仅有物质利益的得失问题，更包括精神上无形的得失问题。

一、"去语境化"传播导致割裂非物质文化遗产的整体性

追求公正是新闻的道德指向。媒介公正涉及的要素包括完整和准确。如果媒体从业人员专业素养不够、知识匮乏与浅薄，则容易形成片面报道，不能完整展示其内容及内涵。在非物质文化遗产题材的报道中，有损完整性和准确性的问题集中体现为"去语境化"。

案例一：

在一次非物质文化遗产展演活动的视频直播中，受限于转播车内空间狭小，在前期沟通时，编导有意要求四川清音的传承人精简"道具"，舍弃用于伴奏的鼓。传承人当即表示拒绝，并强调："按道理来说是需要这个主鼓和板儿的，因为在介绍清音的时候，它是个必备的乐器，它不是一个道具。"

节目编导出于直播的需要和现场条件的局限，希望"做减法"，

看起来并非完全没有道理，但节目的着眼点是展示作为国家级非物质文化遗产项目的四川清音，而不是作为民间声乐的四川清音演唱形式。拿掉鼓的结果就是为了报道的需要而人为破坏了非遗代表作的完整性。

案例二：

某电视台需要拍摄有关天津妈祖文化的专题片，要求信众现场演示天后金身巡游场景，遭到拒绝。

妈祖信俗文化中的"金身巡游"是仪式感极强的民俗活动，一般只在妈祖诞辰日前后举行。电视台为拍摄需要就随随便便让天后挪动"金身"，信俗仪式脱离了非物质文化遗产语境，沦为表演，缺乏对信众基本的尊重。

《中华人民共和国非物质文化遗产法》（以下简称《非遗法》）第四条规定："保护非物质文化遗产，应当注重其真实性、整体性和传承性。"

出于强化艺术表现力的需要，媒体往往着重展现非物质文化遗产中更具欣赏性、表演性的片段，甚至仅仅截取艺术性和娱乐性强的片段。这样的做法割裂了文化遗产的整体性。

二、缺乏职业敏感，忽略事实中对文化多样性的伤害

文化多样性是人类社会的基本特征，也是人类文明进步的重要动力。联合国教科文组织在《保护和促进文化表现形式多样性公约》（以下简称《文化多样性公约》）序言中第十三条指出："认识到文化表现形式包括传统文化表现形式的多样性，是个人和各民族能够表达并同他人分享自己的思想和价值观的重要因素。"在非物质文化遗产报道中，应坚守"保护文化多样性"这一原则。

传播领域出现相关伦理问题的原因，往往不是直接破坏文化多样性，而是对有损文化多样性的事实缺乏职业敏感。

案例三：

在一则关于国家级非物质文化遗产"女书习俗"的报道中有这样的内容：

2007 年，清华大学教授赵丽明主持的中国女书研究专业委员会向国际标准化组织提交了《关于将女书编入国际通用字符集的提案》。经过 2007 年 9 月至 2008 年 4 月的数次会议，女书 ISO/UCS 国际编码提案及补充提案获得了认可，女书修订提案正式被接受。在 2013 年和 2014 年分别召开的第 62、63 次 ISO/IECJTC1/SC2/WG2 国际编码大会上，因日本代表投了反对票而未获通过。

对此，湖南省江永县女书文化抢救保护工作领导小组决定采取专业学术支撑与文化传承互相印证的办法，组织由政府部门认定的全体女书传人对提案中的女书字符再作一次校正比较，以全部传人的认可来攻破日方"只以一个传人的样本"而提出的异议。2015 年 8 月 24 日至 9 月 15 日，全体女书传人最终一致确认 396 个女书标准字符作为《关于将女书编入国际通用字符集的提案》的补充提案。

女书作为一种独特的女性专用文字，对其符号承载的文化信息进行科学的整理和建档具有现实意义。然而媒体报道后面的内容开始走偏。

女书字符成功申报国际标准字符的消息传到女书的发源地江永，大家无不欢欣鼓舞。该县女书研究管理中心主任肖萍说："女书文字成功申报国际标准字符，这对女书文化的保护传承、女书文字的推广应用具有划时代的意义。今后，我们要更加注重女书文化原生态的保护，更加注重女书知识产权的保护，着力使女书文化永续发展。"

尽管女书文字标准化具有意义，但是这种意义仅停留在符号学的层面上，并无助于非物质文化遗产保护，甚至有害。

《文化多样性公约》序言第十五条指出："考虑到文化活力的重要性，包括对少数民族和原住民人群中的个体的重要性，这种重要的活力体现为创造、传播、销售及获取其传统文化表现形式的自由，以有益于他们自身的发展。"条文旗帜鲜明地强调文化传承人个体应作为文化遗产评判的主体。

联合国教科文组织《保护非物质文化遗产伦理原则》第六条更是将尊重个人在文化遗产评定中的主体地位加以强调。

研究相关国际法律文书不难得出这样的结论：文化遗产的评价应尊重传承人个体。在这一案例中，不同的女书传承人对个别字符有不同的释义，恰恰能够反映女书文化的多样性。文化遗产保护应该尊重这种多样性，不应施加人为力量干预，形成所谓的共识和统一的认知。符号学意义上的女书通用字符达成共识对于非物质文化遗产语境下的女书习俗保护并没有开篇报道所形容的划时代的重大意义。

另外，在涉及非物质文化遗产的报道中，与文化多样性相违背的表述，例如，"唯一性""标准化"等，都应该慎用。

三、对"活态传承"缺乏科学理解，导致对文化扬弃的误判

经常能看到这样的报道：对某一项濒临消失的非物质文化遗产进行一番描

摹，讲述它独特的文化内涵，然后是社会变迁对文化传承的影响以及传承人年老、故去，文化遗产无人继承的遗憾，政府或机构出资扶持，让古老文化尽可能地得以延续。

这样的报道，对非物质文化遗产的保护究竟有多少积极意义呢？

脱离了当代社会的生活方式和文化主流，这种隔离式保护的效果可能如同临终关怀一样，只是使这些文化形态勉强延续一段时间而已。平心而论，持悲观态度的民俗学家和非物质文化遗产保护工作者对保护工作的前景看法基本上类似于临终关怀。用花钱供养传承人或像设立自然生态保护区那样的方式使这类习俗、技能靠着"输血"的方式"苟延残喘"一段时期，在消亡之前拍些DV（数字视频）留作文化记忆，其最后的归宿还是或迟或早地消亡。

的确，如果媒体在做非物质文化遗产报道时只着眼于此，那么在当代文化环境中，除了对它实施"临终关怀"之外几乎没有别的意义。这种临终关怀式的保护与联合国教科文组织《保护非物质文化遗产公约》对非物质文化遗产的理解以及所倡导的精神并不一致。

《保护非物质文化遗产公约》在对非物质文化遗产的定义中有这样的表述："非物质文化遗产世代相传，在各社区和群体适应周围环境，并在与自然和历史的互动中被不断地再创造，为这些社区和群体提供认同感和持续感，从而增强对文化多样性和人类创造力的尊重。"这为非物质文化遗产的内涵给出了一个时间维度上的概念：既有向上追溯过去的继承，也有向下适应未来的创新，非物质文化遗产的传承是"活态传承"。非物质文化遗产的报道应把握"活态传承"这一核心价值。

向上追溯过去的继承并不意味着非物质文化遗产存在某个肇始的原点，因此并不存在所谓的"原生态"（或"本真性"）。"'原生态'是当前非物质文化遗产报道中使用的高频词汇，但绝大多数是错用和滥用。'原生态'在一些场合的应用或许有它的合理性，但是，在涉及非物质文化遗产保护议题时，使用这一词汇就是不恰当的，而且可能造成某种混乱。'原生态'常常会使我们在意念中不自觉地消解事物的发展过程，而去追寻事物在某个时间节点上的表现状态。"非物质文化遗产是一种动态的文化形态，依靠特定民族、群体、个人的行为活动，包括艺术活动、民俗活动、工艺活动以及生产生活等活动表现出来，是不断地再创造的动态过程，其原始状态并非建构于某一个起点，"原生态"根本无从谈起。

向下适应未来的创新，如何去展现这种"创新"考验着传播者对舆论导向的把握。非物质文化遗产的活态传承必然打下时代烙印，"文化的变化是不可避免的，只要事象的基本性质、结构和功能，事象对人的价值关系不发生本质改变，就可以当作正常来看待。"比如关于重阳节孝老爱亲的"孝文化"，一度出现过一窝蜂式的"给父母洗脚"的宣传报道，仿佛给父母洗一次脚就代表子女懂得感恩和回报。显然这样的"孝文化"与时代脱节，而那些教会父母使用互联网工具，如微信、支付宝等跨越数字鸿沟的行为才是更富有时代意义的孝心，这样"接地气"的孝道更应该进入舆论的视野。

案例四：

　　"二十四节气"入选人类非物质文化遗产代表作名录。立夏前后，浙江某沿海地区的新媒体大篇幅地报道"立夏捕鱼"习俗，并提倡公众回归古老生活方式。然而，立夏正值当地休渔期开始，报道内容与社会现实显得格格不入。

　　《中华人民共和国非物质文化遗产法》(以下简称《非遗法》)立法的重要原则就包括"坚持区分精华与糟粕的原则"，法律将"保护"与"保存"区别开来，对不同的非物质文化遗产采取不同的措施。《非遗法》第三条规定："对所有的非物质文化遗产采取认定、记录、建档等措施予以保存，对体现中华民族优秀传统文化，具有历史、文学、艺术、科学价值的非物质文化遗产采取传承传播等措施予以保护。"

　　必须承认，媒体具有独特的视角和敏锐的洞察力，能深入社会生活的各个角落，很多媒体的职业行为与非物质文化遗产工作者的田野调查具有高度的相似性，不排除发现文化工作者和学者认知盲区内事物的可能，以及发现古老的非物质文化遗产在适应当代社会生活的过程中创新面貌的可能。面对陌生的文化现象和文化景观，究竟哪些应予以弘扬，哪些仅仅需要保存建档？在选择报道对象时，媒体应该秉持正确的立场。

　　"新闻传播活动并不是要简单地见证、记录社会历史发展进程的层面，而是要实现构建人类精神文化的根本任务，正因如此，媒体的见证和记录不可避免地需要体现这个时代的价值标准和道德认同，媒体不可避免地要成为这个时代进步精神的弘扬者和积淀载体。"因此，在文化报道中必然会有一个"扬"与"弃"的取舍问题。一切有关非物质文化遗产的保护与弘扬，都应该符合社会主义思想文化的发展主流，顺应社会主义核心价值观。核心价值观的倡导可以纠正非物质文化遗产传播工作的不良偏向。

四、技术革新可能带来的隐性伦理冲突

随着制作技术的进步，先进摄录手段的运用在不知不觉中挑战人们的文化心理，认识能力所带来的伦理问题不同于前文所述体现在表现内容上，而是体现在制作方式上，因而更为隐晦。其中最有代表性的就是无人机的使用。

案例五：

2017 班夫山地电影节展映影片《如果在伊朗》。

《如果在伊朗》可以当作一个极端的案例。一部篇幅不长、展现户外探险活动的纪录片，利用了大量的无人机航拍镜头，冲击着人们的固有观念，在以往该类型纪录电影里并不多见。

影片着力展现在这个信奉伊斯兰教的国家里，处处体现出的宗教对户外运动的影响。

电影的叙事、结构并无新意，给人印象深刻的是展现伊朗日常

生活宗教色彩浓郁的仰拍镜头，与展现滑雪者纵横山巅风驰电掣的俯拍镜头的强烈对比。当人的活动能力有了质的飞跃，旧有的观念随之坍塌。也许影像无意挑战世界观，但却在无形中冲击着人们的世界观。

这个案例并不直接涉及非物质文化遗产传播的伦理，但它的确值得警惕：无人机的使用已经使得超越常人的视角变得唾手可得，也越来越引起人们的警觉。想象一下，在每一个心怀敬畏的习俗节庆活动中，无人机应置于何处？是不是可以不受约束地飞来飞去？能否在供奉的神像头顶肆无忌惮地盘旋？它是否可以轻而易举地获得"上帝的视角"？以"上帝的视角"记录的信俗活动，是不是航拍本身就缺乏对活动中人的尊重？希腊政府出台规定，文化遗址不允许航拍。特殊需要必须申请许可证，许可证的核发则根据不同的诉求审慎评估。出发点除了保护文化遗址，还有便是不可以随随便便获得"神的视角"，去俯瞰用来祭祀神的殿堂庙宇。

非物质文化遗产报道应首先尊重习俗、传统、信仰等意识形态和价值观因素，技术性采录行为和手法应让位于这些因素，必要时宁可牺牲报道的效果和内容，避免本末倒置，制造矛盾。

五、结语

随着文化遗产保护意识的日益加深，媒体在弘扬优秀文化遗产过程中扮演的角色日益凸显。传播手段的发展，传播技术和表现手段也会随之变化，文化遗产报道的伦理和规范还需不断强化。中国是联合国教科文组织《保护非物质文化遗产公约》和《文化多样性公约》等重要文化遗产保护公约的签署国。依照相关国际公约以及国内有关法律法规，可以逐步厘清涉及非物质文化遗产报道的伦理原则，规范文化报道的职业行为。

参考文献

［1］联合国教科文组织. 实施《保护非物质文化遗产公约》的业务指南. 2016.

［2］高小康. 非物质文化遗产保护是否只能临终关怀. 探索与争鸣，2007（7）.

［3］刘魁立. 学习《中华人民共和国非物质文化遗产法》. 文化部非遗司和外联局，2017（1）.

［4］陈绚. 新闻传播伦理与法规教程. 北京：中国人民大学出版社，2016。

非物质文化遗产
影视传播案例

影音文献：用影像书写的文明篇章

● 朱靖江 *

中国自古即为"文献之邦"，史书文献浩如烟海。中华民族亦因祖先的文字遗泽，香火传承，文明不绝。及至当代，以文书形式撰写、存录的文献仍然居于主流，说文解义，叙事论理，延续着数千年以来的史志传统。然而，当代中国与传统社会之分野，最可感知的一点或在于影像媒介的普及。曾经昂贵、复杂、专业的影音摄录与传播技术，以空前的速度普及千家万户——随意摄像的智能手机、轻松分享的视频社区，构成了一种全新的影像交流系统，以视听形式传播的文化内容，获得了全民——特别是青年一代的普遍接纳。在这一视觉文化迅猛转型的新时代，基于影音媒介的史料、档案也将成为一种日益重要的文献类型。影音文献系运用影像与声音等多媒体手段，进行活态文化的文献性记录，并通过编目进入图书馆、档案馆、博物馆或在线数据库系统，得以更为长久地保存与更为广泛地传播。影音文献侧重于对社会、文化内容的事实性记录，强调影音记录的长期性、系统性以及"深描"价值，可以作为研究社会变迁的史料性文本。

自 1895 年电影发明之后，动态影像作为新的文献记录与保存形态，逐渐受到世界各国有识之士的重视，其客观记录性、视听体验性与跨文化传播性价

* 朱靖江，中央民族大学影视人类学研究中心主任，民族学与社会学学院副教授。

值，超越了文字文献的传统边界。早在 20 世纪 60 年代，美国人类学家玛格丽特·米德即指出："（影像）不仅允许被拍摄者的后代重新拥有他们的文化遗产，而且也将为我们理解人类历史及人类的潜能提供一个可靠、可复制、可分析的研究资料集成。"从早期的电影制作人在世界各地拍摄奇风异俗，到当代影视工作者精心制作的影像民族志作品，近 100 年以来，作为历史与文明记录的影音文献已经为人类提供了难以计数的视听材料，构建出前所未有的"影像世纪"。1980 年，联合国教科文组织通过《关于保护与保存活动图像的建议》，指出"活动图像是各国人民文化特性的一种表达方式，并且由于其教育、文化、艺术、科学和历史价值，已成为一个国家文化遗产不可分割的一部分"，亟须各国根据国际法规定所承担的义务，采取适当措施保护和保存活动图像，就像保护和保存能丰富当代与后代生活的其他形式的文化财产一样。2005 年，联合国教科文大会做出进一步决议，将每年 10 月 27 日定为"世界音像遗产日"，意在保护我们的集体记忆，以确保当代人和后代人之间的传承。影音文献的重要价值，日益得到全世界知识界、文化界和教育界的强调与重视。

与传统的文字型文献相比，影音文献具有较为鲜明的差异性和重要的文化传承意义。例如，文字文献诉诸人的理性思维，而影音文献则是通过视、听等知觉的感官能力作用于大脑，以感受、直觉、移情、意会等方式进行知识传播与观念输送。这种文献传播的路径除了提供信息之外，还能够激发观看者的情感或情绪变化，使之获得更为丰富的身心体验，加深文化印象。又如，文字作为信息载体具有抽象性，对文字文献的阅读理解，需要经历编码—解码—再编码的过程，否则难以获得真实的信息。影像则相反，是一种所见即得的具象信息载体，影音信息能够形象地传递给接收者，如其亲身见闻。这种抽象与具象之间的差异，决定了影音文献具有更为直接的视听感受，对事件与人物可获得更接近历史原貌的认知。由于视听信息的具象性，它甚至可以突破语言文字造成的族群边界，作为一种广域交流媒介，在不同文化背景与社会阶层之间搭建交流和理解的桥梁。此外，文字文献是一种较为稳定、闭合的表述系统，它所记载的信息具有较强的确定性，而构建影像文本的视听素材含有丰富的信息，影音文献表现得更为开放。"开放性"之于影音文献并不意味着信息混乱，而是对社会文化复杂性的一种体认。影音文献否认唯一性、权威性的阐释模式，更强调由解读者依据影像文本提供的信息，进行富于个性的多义解读。上述感官性、具象性与开放性等文化特征，揭示出影音文献在人类文明代际传续过程中不可替代的使命与价值。

中国大规模开展影音文献创制的时间，始于中华人民共和国成立之初。20世纪50年代至70年代，在国家"民族调查"与"民族识别"的政策指引之下，由中国科学院民族所（今中国社会科学院民族学人类学研究所）为研究、创作主体，集国内学术界与电影界举国之力摄制出的"中国少数民族社会历史科学纪录电影"，成为了中华人民共和国成立后影音文献之滥觞。这些影片运用马克思主义社会发展理论，真实记录或用影像重建了黎族、傣族、鄂伦春族、纳西族、藏族和维吾尔族等16个少数民族的生计模式、文化艺术、宗教信仰与政治体制等内容，展现各民族在"跨越式进入社会主义阶段"之前的传统社会形态。"中国少数民族社会历史科学纪录电影"虽未公开发行，但对于国家民族政策制定起到了一定的参考作用，其学术研究与文献价值经过 60 多年的时代变迁越显珍贵，是许多民族迄今为止最系统、最深入的影像史料。

进入 21 世纪以来，越来越多的国家部门与媒体机构启动了影音文献的记录与典藏工作，成为当代中国令人瞩目的一项文化战略。"记住乡愁"不再只是一种情感的慰藉，而是逐步落实到具体行动当中。以中国文化和旅游部主导的多个影音文献项目为例，其直属科研管理机构民族民间文艺发展中心承担的"中国节日影像志""中国史诗百部工程"，均为国家社科基金特别委托项目，以科研课题招标形式，面向国内高校、科研院所与影视专业机构发出邀约，创建以学术性、典籍性为核心价值的中国节日、史诗影音文献体系。据统计，"中国节日影像志"已立项131个项目，2018年完成所有150个传统节日的立项工作。其涵盖的范围除春节、元宵节、中秋节等全国性重大节日之外，还大量收录各少数民族的传统节日，如苗族牯脏节、怒族仙女节、傈僳族刀杆节、水族端节等，以及富于地方文化特色的民间节庆，如天津皇会、二郎山花儿会、马街书会、河南灵宝骂社火等，以影像志的形式存录中国节日的当代样貌，体现中华民族多元一体的文化格局。

文化部民族民间文艺发展中心负责实施的"中国史诗百部工程"，同样突破了史诗收集、保护与传播的传统范式，用影音手段记述和呈现百部民族传统史诗的当代样貌。究其初衷，在于学术界日益深刻地认识到：史诗演述是一种集文字、语言、表情、形体、声调、音乐以及文化氛围等多重元素于一身的文

化事象，如果剥离其他，单纯将文字存录下来，往往会损害史诗的文献价值、遗产价值与传承价值，影音媒介则提供了全息记录与展示方法。迄今为止，"中国史诗百部工程"已将藏族史诗《格萨尔王》、苗族史诗《亚鲁王》、哈尼族史诗《雅尼雅嘎赞嘎》、蒙古族史诗《汗青格勒》等数十部民族民间史诗进行了影音记录与文字整理，形成了多部语境完整、演述生动、文化信息丰富的史诗影像志。

随着影音文献价值日益凸显，越来越多的相关项目如雨后春笋，日渐兴盛。2015 年起，文化部启动"国家级非物质文化遗产传承人抢救记录工程"，对濒危的国家级非遗项目与高龄非遗传承人开展抢救性记录，采用数字多媒体等现代信息技术手段，全面、真实、系统地记录代表性传承人掌握的非物质文化遗产丰富知识和精湛技艺。通过综述篇、实践篇、教学篇和口述篇等多种记录影像类型，建构相对完整的非遗影音文献资料库。中国国家图书馆实施近 8 年的"中国记忆"项目，则是以中国现当代重大历史事件和重要人物为专题，对口述史料、影像文献等资源进行采集、收集、利用和推广。迄今为止，"中国记忆"项目已建设东北抗日联军、中国家庭故事、当代著名学者口述史等 20 多个专题，收集了逾 600 小时的影像文献、口述史料和大量历史照片、手稿、非正式出版物等文献资源。

2015 年至今，中国民族博物馆先后举办了两届中国民族志电影展，征集、评选、收藏中国民族志电影作品，这也是国家级博物馆率先在影音文献保存与保护领域的重要举措。正如中国民族博物馆馆长顾群所言："少数民族的很多文化是无法仅仅依靠实物来呈现的，比如大量的非物质文化遗产，但影像却能够细致、丰富地呈现出这些文化遗产的内涵和细节。所以，将影像与博物馆连接，是未来博物馆的必然选择；把民族志影像资料纳入博物馆的收藏展示空间，更是博物馆未来发展的必由之路。"中央电视台于2017年首播的大型系列片"中国影像方志"，则是以历代地方志为基础，在全国2 300多个县或县级市展开拍摄，运用现代影视手段传承方志文化、记录当代中国的地方社会与文化特征。除此之外，在中国各民族语言保护、民族民间艺术传承、古村落保护与口述史采录等多个领域，各级政府部门、科研机构、高等院校与民间文化组织都在进行着卓有成效的影音记录与典藏工作，成果难以尽数。甚至在世界范围内，如此波澜壮阔的影音文献创制工程均属罕见，令国际学界瞩目。

近十多年来，在影音文献的理论建设与创作过程中，中国影视人类学界发挥了较为重要的理论指导与方法构建作用，众多学者投身于影音文献的学术探索、体例制定与项目实践，努力建构这一影像文化领域的学科规范。

第一，中国影视人类学界主张以人文主义影像记录范式替代传统的科学主义记录范式。科学主义视域中的影音文献是一种"物化"的影像记录，它将被拍摄对象客体化与景观化，仅考虑拍摄者的"研究意图"或"科学目标"，不关注被拍摄者的表达或意志。因此，基于这一理论范式采集的影音素材，大多具有相对规范的形式与严谨的内容，但缺乏人性的展现和内在的生命力，是一种与现实世界割裂的"影像标本"。当代影视人类学倡导互为主体性的学术立场，不再强调研究者或拍摄者的权威地位，而是尊重被拍摄对象的文化主权，谋求建立一种合作的影像创作模式，甚至将"主位"表述置于"客位"阐释的价值之上。如"中国节日影像志"要求创作者基于节日仪式自身的脉络，如实呈现主要事象，特别是强调文化主体的主位观点，将仪式的解释放归当地语境，以当地文化持有者和文化参与者为第一位，全方位地收集分析他们的见解、感受和诉求。创作者应保证公正传达当地文化持有者的观点，捍卫其文化权利，同时对各种观点都保持尊重的态度。

第二，中国影视人类学界主张以尊重现实、注重变迁的记录理念，替代厚古薄今、"拯救遗产"式的形而上学创作观念。影音文献固然具有珍藏历史记忆、建构档案资料的价值，但不能将被拍摄对象视为与外部世界隔离、停滞或行将消亡的群体与文化，忽视了文化持有者自身的社会调适能力，甚至漠视他们谋求生存与发展的愿望，仅以一种"他者"的景观存在于博物馆式的文化幻境里。当代中国影视人类学界深刻反思这一"蜡像馆"式的影音文献生产模式，强调要在真实的社会环境与历史背景下，进行具有时代质感的影音文献记录，放弃影像"复原重建"等文化矫饰行为，如实记录与呈现特定时代中被拍摄对象的社会行为特征与文化变迁历程，不再为建构某种历史叙事而刻意营造早已消逝的影像情境。与注重静态场景和典型特征的传统影音记录观念相比，当代影音文献更强调观照动态的社会关系与具体情境中的文化现象，尤其重视历时性影像文献显示出来的族群嬗变过程，这无疑也受到了影视人类学新理论范式的深刻影响。

第三，中国影视人类学界强调"影像真实"的原则。影音文献应致力于展示某一社会的文化特质，因此，忠实于真实的观察与记录，是影音文献工作者必须坚守的基本原则。影像真实首先意味着拍摄者不对文化行为进行人为操控或诱导，确保现场记录的影像内容均为社区成员自主从事的社会文化活动；其次，在进行影像文本的剪辑过程中，影音文献工作者也应尽量"如其所见"地还原现场情境，不以主观立场扭曲影像所传达的信息，更不能以建构典型文化事例为借口，将非同一时空发生的行为拼凑在一起，混淆事例的史料真实性。

第四，中国影视人类学界注重影音文献的分享价值，发动广大民众掌握影像创作工具，与日常生活相结合，自下而上地建构地方与民族文化的影音文献库。由于数字影像技术的迅猛发展，影像拍摄与后期制作日趋廉价、简易，推动公众影像创作与交流的社会动力也愈发澎湃。在此时代背景之下，影音文献的记录不应局限于影视专业人士或文化精英领域，而是需要鼓励、引导普罗大

众，加入创造与分享影音文献的事业当中。例如，文化部民族民间文艺发展中心在"中国史诗百部工程"体系中，专门为广西南丹县白裤瑶村民影像小组作为创作主体的白裤瑶"引路歌"立项，支持当地村民运用影像手段，记录本民族的传统史诗，进而以影音文献的形式，自主性地存续白裤瑶璀璨的民族文化遗产。与之类似，广西融水苗族村民同样获得了拍摄本地区传统节日"新禾节"，并纳入中国节日影像志体系的创作机会，将地方的小传统与国家的大传统通过影像志的形式彼此联结。以民族或社区成员为创作主体进行影音文献的创制，一方面，能够调动广泛的社会力量，聚沙成塔，累积内容丰富、视角多元的影音资料；另一方面，通过"影像赋权"的方法，也贯彻了影视人类学界尊重文化持有者自我表述权利的学科观念，将"人民书写历史"的光辉论断落到实处。

从最初对边缘族群文化遗产的抢救性记录，到如今无远弗届地呈现人类社会的真实面貌，影音文献的生命力正来自对大千世界的不断发现与对人类文明的自我反思。影视人类学以影像民族志为研究工具与学术文本，在其田野实践与理论建构的过程中，也为影音文献的历史源流、文化本位、学术价值以及记录方法，提供了有力的学术支撑。尽管在影音文献的理论研究者和影视工作者之间，仍然存在一定的观念冲突，但呈现文化事象的完整性、挖掘文化深层结构的学术性、尊重文化表达的主体性以及影像作品的可视性和艺术性，已逐渐凝聚为影音文献的创作共识。在影像文化日益深刻地影响社会观念的当代——遑论一出生便沉浸于影像产品中的"00后"，影音文献必将发挥越来越深远的作用，它将更多地承担起文化传承与思想传递的庄严使命，成为记录文化遗产、见证当下社会与存续知识火种的文明档案。影视人类学也将在这一广泛而深刻的文化行动中获得学科发展的新动力。

见人、见物、见生活——传统非遗节目的创新

● 马 宏[*]

从 2018 年年初到目前为止，北京卫视在全国的省级卫视当中收视率名列第二名。北京电视台在推广传统文化尤其是非物质文化方面做了大量工作，尤其在 2018 年上半年，只有《跨界歌王》一个纯综艺季播节目，其他如《传承中国》《非凡匠心第二季》都是在上半年播出。此外还有《故事大会》等其他北京卫视所擅长的文化类节目，这些和电视剧一起为北京卫视带来了第二名的收视率。由此可以得出一个结论：文化类的节目不仅有收视率，而且对平台彰显有重要贡献，这些都体现了文化自信。

作为首都媒体和主流媒体，北京卫视一直是全国卫视文化传播方面的先行者。2015 年以来，通过节目创新、创优推动中华文化的传播，推出了包括《档案》《非凡匠心》《传承者》系列等多档聚焦传统文化的创新创优节目，并且都获得了非常好的成绩，《传承者之中国意象》更是入围国家综艺节目最高奖——星光奖。北京卫视始终以首都媒体人的责任和电视手艺人的匠心，让主流变得更主流，让主流变得更清流，让主流变得更潮流。

国家文化和旅游部雒树刚部长在总结非物质文化遗产保护和传承工作时曾提到"见人、见物、见生活"，北京卫视也一直在践行这样一个原则。

* 马宏，北京电视台卫视节目中心主任。

一、见人——从能人到凡人

非遗传承人不单是一个形象，更在于技艺高超和传承人。既从"能人视角"展现非凡才能和传奇技艺，又要从"凡人视角"展现他们的平凡人生和精神追求，二者的有机统一形成了非物质文化遗产既有艺术性又有人情味的独特魅力。

在做《传承者》第一季节目的时候，栏目组探访了80多项非物质文化遗产，选择了适合在舞台上呈现的53个项目来到《传承者》的舞台；《传承者》第二季则是聚焦"中国意象"，成为中国电视史上首档解读中国文化意象的节目。节目从全国百余家优秀的院团中，遴选出50个顶级文艺作品参与"百团大战"，凸显文艺制高点，包括蒙古族长调、敦煌国乐等；《传承者》第三季继续突破，聚焦国粹京剧，节目组邀请到100余位京剧表演艺术家参与顾问、教学演出、现场点评等一系列工作，谭元寿、宋长荣、孙毓敏、马玉琪等京剧大师和中青年骨干在节目中聚首，形成了反响强烈的"文化大事件"。

在两季的《非凡匠心》中，节目深入20多位非遗传人的工作和生活中去，实地探访了徽派木雕、佛山醒狮、青神竹编、龙泉宝剑等非遗项目的制作工艺，通过跟随式的采访与纪实拍摄，呈现非遗传承人的质朴生活、深厚匠心和炙热信念。

例如，在《非凡匠心》节目里记录了锔瓷大师王老邪每天在家里阳台上的修修补补，60年的叮叮当当声是他生命中最单调也最动听的旋律；在《传承者》

的舞台上听"常氏相声"的传承人常宝华老人讲述家族18人参军，"小蘑菇"常宝堃29岁赴前线慰问志愿军战士却不幸牺牲在朝鲜战场上的感人故事；在《传承中国》节目里记录了经典大戏《定军山》如何凝结了谭家6代京剧人的传承与创新。

北京卫视一直希望观众通过这些镜头感受到：人物形象与艺术形象的融合、文化之美和人格之美永远相辅相成、传统文化和传播价值永远同等重要。

二、见物——从开物到格物

如何在电视上更好地展现非遗项目，我们从两个维度入手：一是文化的外在表现，即非遗文化天工开物般的精美技艺；二是价值内在，即通过"格物致知"的方式探究非遗文化的精神内涵和时代意义。

（一）如何开物

我们在"开物"的外在呈现上选择了两种途径：一是从程式到模式；二是从整体到细节。

1. 从程式到模式实现艺术升华

依照文化自身的传统程式来建构节目模式，在还原中实现艺术的升华，这一点在《传承中国》节目中表现得最为突出。我们借鉴了京剧班社的空间格局，在节目中成立京剧"传承社"，将4 000平方米的演播区统一规划，集中开辟出戏台、化妆间、排练厅、会客室、办公室等功能性区域，每个区域功能区分又彼此相连，形成一个全方位的"京剧梦工场"。同时还借鉴京剧班社的设定，由跨界明星担任班主，由表演艺术家担任老师，通过这些角色设计让嘉宾迅速进入角色，并使观众沉浸在强烈的文化氛围中。

2．从整体到细节展现非遗之美

首先，对项目进行忠实记录，保留其档案价值；其次，借助电视技术，放大细节之美。例如，在《传承者之中国意象》节目中，首次引入"子弹时间"的拍摄手法，呈现360°视角，带给观众强烈的视觉震撼，填补了舞台艺术的观看盲区，全方位展现了顶级艺术的精妙。

（二）如何格物

在格物的表现过程中，我们同样选择了两条途径：一是文化解读；二是真实体验。

1．文化的多元解读

在《传承者》前两季节目中，设置了陈道明领衔的文化观察团和大学生组成的青年观察团。通过文化观察员对非遗项目文化价值、历史背景和时代意义进行阐释，同时青年观察团则对非遗文化进行个性化解读，他们之间的观点碰撞则是节目的重要看点。

例如，在《传承者》节目组录制稷山高台花鼓时，一名青年观察员认为，这样的群体节目没有焦点，出不了个人明星，不利于文化传播。而陈道明则用自己的一段经历反驳了他的观点。陈道明说他在天津人艺跑了7年的龙套——一句台词都没有的龙套，但他认为这些付出很值得，因为人们之所以能记住一

部戏里的主角，正是因为有无数配角在背后奉献着同样伟大的演出，那些我们无法记住面孔的"大多数"才是传统文化能够传承下去的基础。这里面有很多价值观的碰撞。

2. 文化的真实体验

在《非凡匠心》和《传承中国》的节目中，通过深度体验的方式让明星深入文化的传播中，这种体验的过程本身就是对非遗一次由浅入深、庖丁解牛般的解读。因此观众会在《非凡匠心》中看到张国立通宵达旦扎狮头的疲惫；看到裴盛戎为练梅花桩数次踩碎坛子跌倒在地的窘迫；看到于洋烧制景泰蓝不慎点着衣袖的危险；我们也在《传承中国》中看到任贤齐在公演《定军山》唱错戏词时不仅当场向老师和观众鞠躬致歉，更是在录制后发微博表达歉意，充满了对京剧艺术的敬畏。这些体验都给嘉宾带来了心灵冲击，也是文化呈现给观众的内在魅力。

三、见生活——从新生到衍生

在对"见生活"的表达上，我们也选取了两个维度：一是探索非遗在新时代的艺术新生；二是探索传统文化在大众市场的价值衍生。

（一）创新是对文化最好的保护

北京卫视始终相信，创新是对文化最好的继承和保护，因为唯有创新才能赋予文化以持久的生命力。我们把对文化创新的探索植入节目，例如，在《非凡匠心》第二季中，节目每一期邀请一位德高望重的非遗传承人和一位新生代的艺术家，由两个人共同完成一件作品。其中有90岁的徽州木雕大师王金生和"80后"木雕艺术家马文甲在同一块木板上完成了融贯古今的一次创作；我国第一代动画工作者、《大闹天宫》的美术设计师严定宪老人和新一代三维动画的年轻设计师们一起绘制的美猴王穿越之旅。这样的新老合作，本身就是文化的传承。

艺术的新生也体现在跨领域合作上，比如，四川青神的竹编大师张德明和浙江龙泉的青瓷艺人刘杰，以"土木之缘"完成一次合作；中国著名曾侯乙编钟修复大师李明安和德国音乐家老锣以及他的妻子龚琳娜，联袂带来了一场复原曾侯乙编钟的演奏会。这样的跨界合作，也是对古老文化的发扬。

（二）非遗需要生产性保护

在 2018 年两会的部长通道上，文化和旅游部雒树刚部长在提及"生产性保护"时讲道："非物质文化遗产活于民间，死于庙堂，一定要和群众的生产生活结合，才能有生命力。"

北京卫视在非遗保护工作上也一直不断尝试。比如，2017 年年底的一档节目《创意中国》将文创项目和投资平台搭建在一起，通过这个节目吸引故宫文创、数字故宫、风雷京剧团等，把非遗文化和大众市场相结合，让非遗文化以流行消费品的形式进入寻常百姓家，比如，故宫文创里面萌萌的乾隆皇帝等深受大众喜爱。《创意中国》第二季也在全国项目甄选阶段，同时还会有文创基金和项目孵化方面的进一步延伸。

四、结语

习近平总书记在文艺工作座谈会上指出："以古人之规矩，开自己之生面，实现中华文化的创造性转化和创新性发展。"可见，在非遗传播的过程中，坚守与创新一样重要，传承与传播一样重要，古人之规矩与自己之生面一样重要。北京卫视希望以传承和发扬中华传统文化为己任，让文化的遗产成为我们永恒的财富，让我们因为文化而更自信，让文化因为我们更精彩。

影视手段在非物质文化遗产保护与传播中的应用

● 王传东 [*]

　　非物质文化遗产（以下简称非遗）是中华文明的瑰宝，是我国文化多样性和文化创造力的体现。它延续着我们的文化脉络，承载着历史的记忆。我国是一个历史悠久的文明古国，有丰富宝贵的非遗资源。2005 年以来，我国加强了对非遗的保护，逐步形成了较为完善的非遗保护政策，建立了从中央到地方的分级保护制度。但随着经济全球化和现代化进程的加快，我国文化生态环境发生了巨大变化，非遗受到强烈冲击，依靠口授身传的文化遗产正在不断消失，许多精湛的传统技艺濒临失传，许多极为珍贵的实物与资料丢失或遭到严重破坏。因而，当前我国非遗保护与传承的工作任务十分严峻，面临着许多亟待解决的问题。所以，我们现在首要的工作就是保护与传承，将祖辈流传下来的传统文化保留并发扬光大。

　　笔者担任了文化部山东工艺美术学院"中国非物质文化遗产传承人群研修研习培训计划"试点培训的部分组织工作，并在工作当中实地走访了许多非遗传承人。这些传承人有九旬的老人，有年富力强的中年人，也有朝气蓬勃的年轻人。在走访的过程中我们参观了他们工作生活的环境，聆听了他们的传承故事，现场记录了他们的技艺操作，用视听、图片、文字等手段完整地记录保存

＊　王传东，山东工艺美术学院继续教育学院院长、教授。

下来，掌握了大量第一手资料，并出版了"中国非遗传承人口述技艺丛书"（四册）。该丛书的创新之处是采用 AR 技术，把视频、文字、图片结合起来，用手机扫描图片即可呈现传承人技艺操作视频，新技术的应用使该套丛书具有更大的文献价值和实用价值，成为记录和传播非遗的良好工具。丛书入选"2018年度影响力图书推荐·第二季"好书榜。另外，我们还组织了影视与多媒体专业的学生深入非遗传承人的工作和生活，用影像的方式记录非遗传承人的故事和操作技艺，收到了意想不到的效果，获得山东省非遗微视频大赛多个奖项。在此期间，如何使非遗得到更好的传承，如何让非遗文化在当今重现活力，进一步发展、创新，特别是影视手段在非遗保护与传播中的重要性，笔者有了更深刻的认识和理解。

一、影视艺术在非遗保护与传播中的应用

影视艺术由摄影艺术发展而来，是艺术与技术的完美结合，摄影画面是影视语言的基本元素。另外，影视中发挥重要作用的还有声音，声音使影视更加逼真与现实，影视的声音包括对白、解说词、影片音乐等。现在，影视已逐渐占据了传播的主导地位。自 2005 年国务院第一次提出要进行非遗保护以来，有关非遗记录与宣传的作品逐渐增多。非遗管理和保护部门已意识到以影视记录和传播非遗的显著效果，录制非遗纪录片和以非遗为主题的电视栏目也日渐增多。随着大众对非遗关注保护意识的提高，许多社会个体也自发地参与到非

遗影视作品的创作中。

目前，影视艺术在非遗记录和传播中主要有纪录片、影视片、微视频、宣传片、动画片五种形式。

（一）纪录片

纪录片是以真实生活为创作素材，以真人真事为表现对象，并对其进行艺术加工与展现的，以展现真实为本质，并用真实引发人们思考的电影或电视艺术形式。纪录片的核心为真实，在我国关于非物质文化遗产的影视作品中，这类最为常见。如央视大型系列片《年轮：中国非物质文化遗产辑粹》，五洲传播中心、东方美国际文化传媒（北京）有限公司出品的《薪火相传——中国非物质文化遗产》等纪录片。

（二）影视片

这类影视作品中，非遗作为故事载体、故事线索出现在电影故事片或电视剧作品里。如早期的电影作品《刘三姐》就是根据广西壮族民间传说改编的，反映的是聪明美貌的当地"歌仙"刘三姐用山歌反抗财主莫怀仁的故事。再如，功夫电影的经典之作《少林寺》，不仅宣传了嵩山少林寺，而且向全世界展现了中华武术的魅力。很多年轻人因为这部电影爱上了中华武术，使武术精神得以在全世界传播。还有 2011 年上映的电影《一个人的皮影戏》，该片讲述了一个皮影老艺人的故事，反映了中国传统文化走向边缘化的悲哀。另外，电影画面中还展示了窗花、雕刻、非遗表演等非遗项目，让我们领会了非遗的独特魅力。

（三）微视频

微视频具备互动性和娱乐性的特点，是当今流行的"快餐文化"，很受大众特别是年轻人的喜爱。制作微视频的作者水平也不一样，有的水平很高，有的较低。一般微视频的长度很短，有的只有几十秒，适合在互联网播放共享。2018年山东省非遗微视频大赛就呈现出这样的特点，大多参赛作品时间都不超过5分钟，但对非遗起到了很好的宣传效果。我们组织了影视与多媒体专业的学生拍摄了泉城兔子王、潍坊核雕、和圣文刀、葫芦雕刻、木版年画、博山琉璃等，并精心进行了后期处理。学生们的热情都很高，在拍摄中他们提高了专业技能，对非遗有了新的认识，并获得多个奖项。

（四）宣传片

非遗宣传片在展示非遗的同时，多以商业宣传或政府行为为目的，如商业广告、旅游宣传、地方名片等。

（五）动画片

动画片也属于影视艺术，深受青少年喜爱，非遗动画片的制作和传播有利于非遗文化在下一代传播传承。过去，我们在这方面做得不够，如我国的民间传说《花木兰》（第二批国家级民间文学类非物质文化遗产）被美国率先制作成动画片并大获成功。现在我们逐渐认识到这一点，并开始实践，如以非遗为题材的动画片《年画中的传奇》已在央视少儿节目播出。

二、影视艺术在非遗保护与传播中的现存问题

我国非遗文化资源丰富，以影视的方式记录并传播的空间很大，亟须我们去挖掘，但现在普遍存在以下问题：

（一）社会和非遗管理部门重视不够，制作资金严重匮乏

影视制作所需的资金很大，要制作质量较高的影视作品，每分钟的制作成本都要以万计。很多非遗传承人生活和工作地点都在偏远的地方，要体现出非遗的生存环境，就要实地实景拍摄，所以拍摄难度很大。现在除政府支持的项目外，拍摄制作的资金来源都存在困难，加之制作完成后短期难以获得效益，故影视制作单位的热情不高。所以，政府管理部门和主流媒介应加大投入、扶持和优惠力度，各影视制作单位、社会团体、当地有关部门都要积极配合。

（二）各级文化管理部门统筹协调不够，各级单位各自为战，有限的资源出现重复浪费现象

2017 年，我们来到山东滨州剪纸项目代表性传承人王德荣家里录制她的剪纸技艺操作过程。老人很开朗，热情地和我们攀谈起来。王德荣一家都是非遗传承人，她是省级非遗传承人，丈夫王永昌是吕剧国家级非遗传承人。她对我们讲，以前国家对非遗关爱不够，二三十年没有人关注他们一家。自国家提出保护非遗以后，家里前前后后来了 30 多家媒体，有国家级的、省级的、市

级的、区级的，老两口忙得不亦乐乎。这些媒体采访的内容大致相同，各级部门没有协调好，就造成资源浪费。媒体采访拍摄著名的非遗传承人本没有错，但应减少重复率，把有限的资源合理分配。非遗保护首先要关注濒临消亡的传统文化，我们用影像把它们记录保存下来，转换为可再生、可共享的资源。

（三）非遗影视记录收集和整理工作滞后

国家对非遗保护措施包括认定、记录、建档等，这里的记录和建档不仅指文字记录，更包括图像、声音、影视的记录。像传统的技艺如陶瓷、雕刻、刺绣、编织、剪纸、烙画、铁艺等仅靠文字记载是不行的，必须有影像的记录，从工序的细节到动作的招式都要记录下来。现在，这些工作我们做得还远远不够，特别是偏远的农村和少数民族地区。

（四）针对青少年的非遗影视作品匮乏

青少年是未来非遗的传承者，保护宣传非遗应该从青少年抓起，可现在针对青少年的非遗影视作品却十分匮乏，他们的影视世界被日韩、欧美剧所占据。以围棋为题材的日本动画片《棋魂》在国内电视台热映，以武术为题材的美国动画片《功夫熊猫》也大获成功，而我们的类似作品却少之又少。

三、微视频《泉城兔子王》拍摄制作案例

兔子王是老济南的民间泥塑玩具。相传古时候济南人都得了一种怪病无法医治，天上的玉兔得知后把仙药撒入七十二泉中，老百姓喝了泉水后得以获救，所以泉城人都拜兔子王。非遗传承人杨峰的泉城兔子王已成为泉城济南的代表之一。

（一）项目创意设计

我们的创意是从中秋佳节兔子王的传说开始的。传说故事富有一种神秘的色彩，以此为切入点可以更好地吸引人们的目光。只有交代了兔子王的背景，才能让人们了解它的历史、演变和发展，才能使兔子王完整地被了解，让人产生继续探寻的欲望。拍摄对象为兔子王制作技艺传承人杨峰，一位主打泉城特色旅游纪念礼品兔子王的当家人。作为兔子王的制作者及传承人，杨峰详细介绍了制作过程以及制作重点，使视频更具说服力和感染力。在整个设计中，杨峰的个人经历以及感受作为穿插内容，以免枯燥乏味。杨峰和其女儿互动的场景，旨在展现杨峰将技艺传授给后代的过程，突出文化代代传承的特点，以此让观众感受到传承人传承非遗的责任和不易。杨峰在芙蓉街的工作室也在拍摄范围内，视频通过游客对兔子王产品的关注和购买力，从一定程度上表现现代人对传统文化的喜爱和兴趣。

（二）画面使用设计

（1）视频以一轮明月的空镜头作为片头，营造中秋佳节的气氛。

（2）交代地域位置。采用全景拍摄，通过解放阁等济南标志性建筑来表明拍摄地点。

（3）以"讲述＋图画"的形式介绍泉城兔子王的传说故事。

（4）选取工作室中相对宁静和谐的空间，记录制作过程，并穿插上采访的部分内容，以有效地缓解因制作过程的冗长而带来的视觉上的疲劳。

（5）片尾。首先，通过近景展现杨峰与其女儿互动的过程，体现父女二人深厚的情感。其次，采用运动镜头，拍摄制作成果及各种造型的兔子王形象。视频从正面和左右侧面拍摄制作流程，整个过程采用固定镜头和运动镜头，全景、近景、特写等景别切换组合。

（三）音乐使用设计

视频以中国传统乐器演奏曲调为背景音乐。兔子王有着悠久的历史和深厚的文化底蕴，适合悠长宁静富有韵味的乐曲，以增加传统文化的厚重感。曲调轻快、节奏感强的曲子容易让其失去文化的内涵，所以在这个创意设计里采用了《夏日山居》这首用中国传统乐器演奏的曲子，每一个音符的跳动都扣入人心，静静地品味就像夏日里一股清泉涌入心里。

（四）分镜头设计

镜头号 1 至 3，内容为中秋节相关事宜切入，采用圆月。景别和拍摄方法是多重角度从月光、济南夜景再到兔子王传说，由远及近，出片名。旁白为：在过去，济南有祭拜兔神的传统。每到八月十五，都会摆上供桌，放上兔子王、月饼和水果进行祭月，以祈求全家幸福安康。如今，崇拜兔神的民俗已经逐渐远去，但兔子王以非遗的形象再次出现在世人面前，且成为泉城济南的传统文化符号。备注为纯音乐带入。

镜头号 4，内容为颜料、工具，绘制兔子王。景别和拍摄方法为特写，右侧方拍摄。备注为纯音乐带入。

镜头号 5 至 7，内容为主人坐着绘制兔子王场景；店里作品展示，对芙蓉街的街景进行拍摄。景别和拍摄方法为：近景侧方拍摄绘制场面，中景拍摄街景和作品。旁白为：杨峰是土生土长的济南人，从小就喜欢那个用泥巴塑成的兔子王。泉城兔子王作为泉城特色的旅游纪念礼品对外推广，在最具济南味儿的芙蓉街扎下了根。备注为淡音乐。

镜头号 8 至 11，内容为故事画面，兔子王在黑虎泉，兔子王作品展示。景别和拍摄方法为特写和运动镜头。旁白为：相传在中秋时节，有种怪病蔓延济南，玉兔闻知后嗑了药饼投在泉中，喝了泉水的百姓很快便痊愈了。为了纪念玉兔，百姓把点心做成药饼的样子供养兔子神，后来演变成兔子王。备注为淡音乐。

镜头号 12 至 21，内容为主人公翻泥、揉泥、切泥、入模具等步骤。景别和拍摄方法为特写和近景。旁白为：选其陶泥最佳，因其烧制过后更易于长期存放。翻泥最主要目的在于可将陶泥中的杂质去除；将陶泥放入模具中，两块模具重合扣紧。模具既可起到塑形的作用，又可吸出部分水分，以达到干燥的目的；将其取出修整多余陶泥，放置阴凉处晾干。备注为淡音乐。

镜头号 22，内容为采访主人公，什么时候接触兔子王，如何将兔子王传承下去。景别和拍摄方法为近景，左侧方。对白为采访音。备注无。

镜头号 23，内容为兔子王作品展示。景别和拍摄方法为特写，运动镜头。旁白为：为了让更多现代人喜欢这项传统艺术，杨峰结合神话传说和历史资料，创作出具有时代特色的兔子王。备注为淡音乐。

镜头号 24，内容为进窑烧制。景别和拍摄方法为特写，侧方拍摄。旁白为：

将晾好的泥胎放入炉中烧制，然后取出，在其表面刷上白色作为底色，待表面干燥后打磨光滑备用。备注为淡音乐。

镜头号 25 至 26，内容为对传统工艺的传承有什么改进，穿插作品。景别和拍摄方法为近景侧方。对白为采访音。备注无。

镜头号 27，内容为上色工序。景别和拍摄方法为特写，侧后方。旁白为：烧制完成后的泥胎就要进行上色工序，其色彩以中国画颜料为主，以其他颜料为辅。备注为淡音乐。

镜头号 28，内容为对传统工艺的继承与传承有什么想法。景别和拍摄方法为采访镜头。对白为采访音。

镜头号 29，内容为作品展示，采用运动镜头。备注为音乐。

镜头号 30，内容为传承人杨峰与女儿的互动，采用近景，固定镜头。备注音乐。

镜头号 31 至 35，内容为女儿玩兔子王，兔子王的全家福。采用近景和特写，固定镜头和运动镜头。旁白为：兔子王是济南极具有代表性的民间手工艺品，已被列入省级非物质文化遗产名录。它的美丽传说和幸福平安的美好寓意应该在济南一代一代传下去，而不是被埋没在民间。备注为淡音乐。

镜头号 36，内容为片尾，景别无。备注为音乐起。

（五）拍摄总结

通过这一次的纪录片拍摄的学习与实践，使学生深刻了解并学习到非物质文化遗产有关的知识，掌握了许多拍摄手法、技巧和理论知识，丰富了学生的阅历与社会实践，增强了学生的拍摄能力、学习能力以及个人能力，加强了他们对镜头、拍摄流程的掌控能力。通过总结发现，即使学生在拍摄前已做好准备，在拍摄过程中也出现了许多错误与不足之处，如摄影角度、镜头拉伸、切换、推移等拍摄手法以及录音设备的使用等，仍太过生疏。因此，学生们在拍摄手法以及文案设计上还有待提高。

现在，我们已对20多位非遗传承人进行了走访和拍摄，并打算将这种以影像记录非遗的方式一直继续进行下去。虽然会遇到很多困难，但我觉得这一切都值得。这不仅对保护和传播非遗有所帮助，也可以教育学生敬畏非遗，并将其世代传承下去。

参考文献

[1]黄传武，等. 新媒体概论. 北京：中国传媒大学出版社，2013.

[2]盖晓明，谭朝炎. 中国传统文化概论. 杭州：浙江大学出版社，2013.

[3]宋俊华，王开桃. 非物质文化遗产保护研究. 广州：中山大学出版社，2013.

[4]周奇. 非物质文化遗产数字化保护的现状及应用前景分析. 大众文艺，2014（14）.

[5]宋俊华. 关于非物质文化遗产数字化保护的几点思考. 文化遗产，2015（2）.

[6]李文贵. 非物质文化遗产传承与保护面临的主要问题探析. 中华文化论坛，2012(3).

《叮咯咙咚呛》第二季：做好文化传承的娱乐表达

● 霍 驰[*]

"传承应该具备两层意义：一层是留下来；二层是创新。"

由中央电视台和爱享文化共同打造的大型原创文化传承类综艺《叮咯咙咚呛》从开机到收官共历时135天，节目秉持传承理念，传承弘扬了21种非遗项目，共有24位中外明星先后加入传承人联盟，前往20个非遗发祥地，邀请147位国家级、省级非遗传承人亮相，打造了64首全新创编的原创作品。

图1
《叮咯咙
咚呛》节
目海报

＊ 霍驰，广电时评记者。

一、"传承，我们是认真的"

现如今，市场上充斥着各种快消娱乐产品，同质化和商业化是不可逾越的一道坎。《叮咯咙咚呛》作为一档文化传承类节目，尝试着开启了文化综艺的新模式，并交出了一份满意的答卷。12期过后，全国网72城平均收视率破1，最高收视率达1.26，节目官方微博粉丝已超43万，主话题"#叮咯咙咚呛#"阅读量高达22亿人次，话题讨论量276万，QQ音乐专题页面浏览量高达670万人次，全网视频播放量赶超2亿次，网友弹幕互动超过10万条。同时，节目凭借高话题性多次登顶微博热门话题榜第一，百度搜索指数排名第三。

节目中全新融合的音乐作品也被广为传唱，例如，宁静和秦腔传承人搭档演绎的《一生所爱》（图2），除去歌曲本身的魅力，传承人的故事也为人津津乐道。宁静的这位搭档名叫李宇，大家都亲切地叫他小胖。《一生所爱》的表演是小胖第一次以彩妆扮相登台，身上的戏服是宁静特意为他准备的。虽然才10岁，小胖对秦腔却有着难以割舍的热爱，他的父母则因为戏曲演员太苦、观众越来越少而不支持小胖学秦腔。天生"戏痴"的他常趁父母不在家，偷偷跟着电脑里的秦腔视频学习。

文化评论员李谷一在节目中说道，我国从最早的380多种戏曲到现在仅存200多种戏曲，数量的减少，说明大家对这些传统文化的重视程度不够。"现在，人们比以前更愿意回望传统、回望我国丰富的艺术文化，我们要有戏曲会更加

图 2　宁静与李宇（小胖）在节目现场

繁荣的信心。父母应该支持孩子的选择，让他勇敢地走下去，担起传承优秀的非物质文化遗产的重任。"在文化传承与发展的过程中，小胖的故事并非特例，人们间或听到优秀的艺术表演形式找不到传承人的新闻。"文化传承"这四个字，总带着些许厚重，付诸行动更显艰难。

值得庆幸的是，近两年荧屏上陆续出现了一批富含传统文化元素的节目，它们用娱乐化的表达方式对传统文化进行包装，以贴合新时期观众的审美与需求。如何在文化传承与娱乐表达两者间找到平衡，是这类节目普遍需要解决的问题。

二、让优秀传统文化再流行

《叮咯咙咚呛》第二季的内容模式比较清晰，前10期由"户外+演播室竞演"这两部分组成，最后两期进入决赛，为整季作品进行评选与颁奖。非遗内容对大部分观众而言是陌生的，因此，"外拍"可以起到较好的信息传递作用。除了让观众更直观地了解这些非遗内容，还能通过明星的切身体验，融入当地风土人情，深刻体现传统文化、传统美德和传统习俗。胡彦斌在与华阴老腔传人张建民交流时，学习了老腔敲板凳的响器——醒木的制作，切身感受到这一古老文化的匠心传承。

在"演播室竞演"部分，嘉宾们不仅要展示习得的非遗艺术，还要将其与时尚元素混搭，进行多元的舞台呈现。胡彦斌与张建民一同将经典唱段《孙悟空三打白骨精》融入摇滚味道十足的《一无所有》，体现了传统文化的与时俱进。"不仅是传统文化向流行文化走近了一步，流行文化也在往传统文化的方向靠拢。"赵忠祥评论说。

这一个个混搭融合的创新节目，体现出节目口号"时尚向经典致敬，将传统酷给你看"中的"酷"字。节目中现代化、流行化的表达一定程度上激发了年轻观众对传统文化的兴趣，但也引发了一些争议，这也成为节目组在制作中比较挣扎的部分。例如，尚雯婕用自己的一首法语单曲《夜之缪斯》与一首渔鼓道情进行了结合。在现场表演完之后，李谷一对这个作品提出了质疑："在

图3 尚雯婕与界首渔鼓道情的现场表演

传承中国文化的舞台上，传承非遗项目，当然要唱中文歌，为什么要演唱一首法语歌呢？"

　　"中国的传统文化虽然博大精深，但很多典故都太高深，国外的人理解不了，我希望用这种世界音乐的方式，用音乐的语言把中国文化翻译给世界听。"尚雯婕的回答也代表了不少年轻人的想法。在整个节目制作中，这样的矛盾一直存在，李谷一和尚雯婕刚好将这种矛盾凸显出来。节目组正是在这样的夹缝中求生存的。"舞台作品的创作是最难、最耗费时间的，从音乐创编到视觉包装，导演组每天都在讨论和修改。"《叮咯咙咚呛》总导演周聪表示，"传承应该具备两层意义：一层是留下来；另一层是创新。不能随便动传统文化的灵魂和内核是《叮咯咙咚呛》第二季所有主创的一致初衷。为了让传统元素与流行元素更好地融合，这种尝试需要有反复试错的时间，真正优秀的作品都是磨出来的。宁静的秦腔版《黄土高坡》，在音乐上就修改了十多遍"。

节目总制片人邹琳这样解读创作理念："《叮咯咙咚呛》第二季挖掘出21项在大众视野被'遗忘'的非遗文化，用深入浅出的创新方式来进行'讲述'，以降低观众对非遗文化赏析的认知门槛，对非遗文化的内在精神和独特的匠心精神给予精准传达。"

图 4
《叮咯咙咚呛》节目场景 1

三、坚定文化自信，坚守艺术理想

2016 年 11 月 30 日，习近平总书记在中国文联十大、中国作协九大开幕式上发表讲话，对文艺工作，尤其是文艺工作者提出了四点希望："第一，希望大家坚定文化自信，用文艺振奋民族精神，广大文艺工作者，要善于从中华文化宝库中萃取精华、汲取能量；第二，希望大家坚持服务人民，用积极的文艺歌颂人民；第三，希望大家勇于创新创造，用精湛的艺术推动文化创新发展；第四，希望大家坚守艺术理想，用高尚的文艺引领社会风尚。"

《叮咯咙咚呛》第二季的主角始终是非遗项目和非遗传承人。节目中涌现出一大批令人动容的传承人和传承故事。在第二季的舞台上，既有"不怕吃苦"的"00 后"小学生，也有"坚持到底"的七旬老人；既有"吾辈少年当自强"的传承宣言，也有"增强国人文化自信"的豪情展望，充分展现出传承人的文化担当。节目制片人兼主持人董艺曾表示："我们不想以说教的形式，而是希望通过舞台作品的呈现，让大家看到传统文化的美。同时，每位传承人的背后都会有一段不为人知的感人故事，每位参演嘉宾也都用认真的态度对待这些非遗文化瑰宝，他们带领观众认知传统文化、助力传统文化的保留和发展。"

经过整季节目的呈现，很多传承人成为当地的名人，也让不少非遗项目再次获得大众的认可。彭佳慧计划将余维刚的楚剧作品带到小巨蛋演唱会上；唱了 62 年海州五大宫调、78 岁高龄的传承人刘长兰也表示有很多人希望跟她学习五大宫调；长阳山歌传承人王爱华通过节目消解了与女儿之间的隔阂⋯⋯来自社会的认可和个人价值观的认同是非遗传承人最需要的，这是令他们能在传承之路上走下去的莫大动力。

图 5
《叮咯咙咚呛》节目场景 2

　　《叮咯咙咚呛》作为一个文化传承的引子，它的收官并不代表结束，而恰恰是新的开始。文化传承是个长远的话题，除了电视等媒体的主动作为，还需要全社会的认知和行动，每一个人都可以是文化的传承者和守护者。正如穿上戏服、戴上髯口的小胖，他已然成为秦腔表演的一部分，记录着这个时代对传统文化的珍视。

图 6
《叮咯咙咚呛》节目场景 3

《时尚大师》：一场中国传统文化的"时尚巡礼"

● 杨晓晖[*]

公元前 307 年，赵武灵王为了推动国家发展，使国家强大起来，推行"胡服骑射"（图 1）制度。因胡人服饰多为动物毛发皮革所制，"改革"一词由此而来，并以革新之意延绵至今。

图 1　胡服骑射图

＊　杨晓晖，中央电视台财经频道《时尚大师》制片人。

服装的变迁史，既是微观的个人情愫，更是宏观的时代缩影。中国改革开放 40 年以来，中国时尚从灰、蓝、黑、白到绚烂多彩，从单调呆板到个性多元，在兼收并蓄中不断书写着东方美学潮流的新篇章。

当我们从这一视角来剖析首档全球时尚文化竞技节目——《时尚大师》（图 2），更能深刻领会节目创意的厚重非凡。这档由中央电视台财经频道携手爱享文化联合制作出品的文化力作，相关视频全网总播放量破亿，官方话题阅读量超过 9 200 万，包括《人民日报》、新华社、《光明日报》、环球网等在内的过百家权威纸媒、网媒及新闻客户端重点报道，节目相关话题登上微博热搜榜第二，无论是节目嘉宾还是设计作品都屡次引发话题讨论。

如果说之前的主题是在用今天的审美再造过去的流行，让中华文明上下五千年的文化面貌通过"服装"得到碰撞和交流，那么最后两期则用"厉害了我的国"和"改革开放四十年"两大主题，以新时尚致敬新时代，将节目掀起的"国潮风范"交融于时代精神，成为今天的中国从"制造大国"走向"创造大国"的曼妙缩影。

满足人民群众对美好生活的向往，是经济的奋斗目标，亦是文化的责任使命。央视财经频道从平台属性出发，在这档彰显消费升级、提振文化自信、唤醒华夏之美的节目中，不遗余力地让国人的审美哲学、人文底蕴、匠心精神绽放于舞台，更在古今对话与中西交融之中，助推着原创中国、时尚中国和文化中国。

一、一场中国文化的"时尚巡礼"，它是对华夏情结最朴实的诉说，也是最深情的表达

《时尚大师》以时尚为题眼，但它并非单一聚焦流行前沿，而是从中华文化的博大精深入手，携富有使命感的传承立意而来：让东方灵感和中国创造登上全球时尚之巅。

在业界人士眼中，这是一次中国传统文化的现代新生，也是一次全球创意设计的灵感碰撞，更是一次东方人文风韵的世界表达。

图 3　10 道中国意象限时命题

图 4　服饰展示 1

　　节目总计 11 集，32 名全球新锐设计师围绕"东方元素，中国意象"，在限定时间和条件下完成不同主题的创意设计和演绎。

　　以传统意象触摸时尚脉动，八期初赛主题历历在目：吉祥图案、水墨丹青、东方旋律、中国手艺、二十四节气、中国功夫、丝路新语、中华美食。

　　进入半决赛之后，故宫、熊猫、《山海经》等元素先后入题，32 组新锐设计师用匠心原创剪裁绮丽创意，带给了观众一次又一次惊艳和惊叹。

　　如果只知道龙凤、云纹、刺绣和盘扣，那我们对中国服饰的想象力，该是多么苍白！《时尚大师》用一场中国文化的时尚巡礼让大众得以看到，东方美学可以挖掘的传统文化资源和民间设计智慧，竟是如此丰富多彩而又美不胜收。

图 5　服饰展示 2

　　能够穿在身上的中国符号，不只是龙凤呈祥、梅兰竹菊，还可以是云南哈尼族的吉祥尊贵之鸟，可以是闻名世界的中国功夫，可以是建筑上的榫卯、古门上的老锁、瓷器上的冰裂纹，还可以是一碗热气腾腾的陕西"油泼辣子Biang Biang 面"……

图 6
服饰展示 3

　　耳熟能详的传说、经典和故事，都能幻化为衣着上灵动的图案。精卫填海、大禹治水、女娲补天，洋溢着昆曲之美的《牡丹亭》，传世名画《簪花仕女图》，包括中国水墨动画的开山之作《小蝌蚪找妈妈》，通过服装的设计、面料的飘逸和模特的演绎，逐一在 T 台上鲜活起来。

图 7
服饰展示 4

　　在这里，古今技艺之美和服饰之美浑然天成。从潮绣到珠绣，从发端于中国的古老鎏金工艺，到跨化学领域研发出的根据光线强弱变换颜色的"黑科技面料"，设计师的脑洞搭乘着中国智慧的结晶，肆意放飞想象。

图8
服饰展示5

全世界都在看今天的中国，什么是中国元素的图腾标志？什么是华夏文明的生动表达？

《时尚大师》以服装为载体，将一眼万年的深情融于一针一线的诉说，生动诠释了中国人是如何"把衣服当作世界观、价值观、人生观在穿"，让更多人知道这个古老的东方国度不只有"中国红"和"中国龙"。

就像斩获"最具传承设计师"大奖的李坤所说的那样，真正包含中国元素的优秀作品，应该是从骨子里透出的中国韵味，这只有我们传承着中国五千年文化的中国人才可以做出来。

图 9
《时尚大师》
节目场景 1

图 10
服饰展示 6

二、一条设计大师的"孕育之路"，呵护中国原创的火热初心，助推东方时尚的力量崛起

在这方舞台上，32位设计师在高压状态的"命题作文"中，充分展示了他们文化的积淀和创意的实力。这一过程中，最为打动人心的是他们内心对传统文化、对原创设计的无限热忱。许多个瞬间让人心生敬意，甚至让人忍不住为他们鼓掌和流泪。

图 11
《时尚大师》
节目场景 2

图 12
《时尚大师》
节目场景 3

时尚产业蓬勃发展，但留给中国设计的空间并不乐观。在某种程度上，《时尚大师》为爆发前夜的本土人才提供了一方如雨露甘霖般的稀缺舞台。

或许是因为机遇难能可贵，节目吸引了不少已经在圈内功成名就的人士，他们从零起步，以谦卑的心态在这里接受磨砺，迎接挑战。

图 13
服饰展示 7

　　成名颇早的"设计全才"祁刚，在台下做评委都已经十几年了。这次之所以以选手的身份前来，"因为设计是无限的，你不应该用曾经的光环、奖项把自己框起来，你得把它们忘了，你得把这当作一个全新的开端。"

图 14
《时尚大师》
节目场景 4

图 15
《时尚大师》嘉宾海报

　　在英国留学 7 年毅然回国创业的韩雯，本次过关斩将最后拿下总冠军。追梦路上，她也曾得不到认可，家人朋友不信任不支持，而她依然坚定初心。

　　感同身受的导师郭培用 30 年来的打拼经历鼓励她："今后的路真的特别长、特别难，但是其实我觉得还是很有未来的。因为中国的文化在我们这个国家和民族不断发扬，它们在被年轻人接受、唤醒，我觉得这个是我们的未来。"

　　与其说《时尚大师》是一场激烈的创意比拼，倒不如说这是设计师和时尚人开诚布公、直面彼此的交心与碰撞。

　　节目自开播起，国际范儿的"时尚导师团"就以公正、犀利的点评方式，展示出一个时尚文化竞技节目应有的样子。他们该赞美的时候毫不吝啬，该批评的时候直指要害，该鼓励的时候不吝温情，导师团用真实、真诚和真挚推动着行业的健康发展。

图 16
《时尚大师》
节目场景 5

图 17
《时尚大师》
节目场景 6

　　"中国原创"四个字，知易行难。导师团耐心纠偏着设计师们用明星来推动爆款的急于求成、对传统文化精髓一知半解的悬浮心态，告诉他们对于中国的原创设计来说，最重要的就是回到中国传统文化的深层理解和娴熟表达上，和徽州绣娘一样，耐得住时光寂寞，才能打磨出动人心魄的华彩。

　　收官之夜，何平的泪水感染了很多人。一个从农村走出的小伙子，怀着对美的梦想，终于活成自己心中"神笔马良"的样子，跨界展示了他惊人的才华。就像他感触的那样，这是中国时尚产业最好的当下。这个时代需要我们向外输出、走向海外，让世界看到我们的创新实力。

　　因为《时尚大师》，大家有了一个更好的视角来审视国际时尚圈，来感触"中华素材库"，也因此有了更强的动力、更大的使命、更足的信心，去将"中国风"推向全世界。

三、一堂全民审美的"理念普及"，国潮复兴是文化觉醒的缩影，亦是大众追求美好生活的注脚

中华文化独一无二的理念、智慧、气度、神韵，是走向世界舞台的中国设计的基石与源泉，也增添了中国大众内心深处的自信和自豪。

图 18
《时尚大师》节目场景 7

央视财经频道节目部主任哈学胜表示："每一个成熟文化都需要一个成熟的表达，而每一个成熟的表达都依托于成熟的作品，每一个成熟的作品背后是成熟的艺术家和成熟的心灵。我们希望从这儿走出去的青年设计师不断突破自我，以卓尔不群的设计、作品和表达不断成就自我，将来成为真正的大师，这样在我们中华文化的星空上才会群星灿烂。"

图 19
《时尚大师》节目场景 8

　　当"美好生活"成为大众消费的主题词，伴随节目的一路热播，越来越多的年轻人变成了传统文化、本土时尚和原创设计的粉丝。他们惊叹于华夏美学的丰富与璀璨，感慨于过去对中国传统文化宝藏知之甚少，对中国的原创设计理解狭隘。

　　《时尚大师》作为一堂恰逢其时的"全民课堂"，深入浅出地向中国当下的年轻人传递了"国潮之美"。

图 20
服饰展示 8

图 21
《时尚大师》
节目场景 9

　　首期节目中，有一幕场景令人难忘：李坤将"龙生九子中的螭吻和椒图"作为设计灵感，让"护宅神兽"护包，如此特立独行的设计引得导师们纷纷叫好。

　　评委一针见血地指出，如今很多初入职场的女孩，都会选择购买一个外国奢侈品牌包——为什么个性之美、底蕴之美比不过流行之美呢？《时尚大师》向许多观众抛去了一道深刻的思考题。

图 22
《时尚大师》
节目海报

　　32 位设计师用他们的匠心和诚意，灌注出东方意象的无穷魅力。他们秉承着自己对中国传统文化的喜爱和理解，提炼出美学价值和美学元素，并且把这种精髓运用到时尚设计当中，极大地唤醒了观众对中国设计的热情，就像《VOGUE 服饰与美容》编辑总监张宇点评的："选手带给社会文化的贡献已经超越了作品的实际价值。"

图 23
服饰展示 9

图 24
服饰展示 10

"文化自信，形象先行"。如果一件衣服涉及这个国家深厚的文化底蕴和悠久历史，那么它就注定不凡。

在消费升级的当下，《时尚大师》以服装为载体，用"寻本""溯源"的方式让更多年轻人看到中国传统文化的光芒，带领我们深入洞见了时尚与生活、与当下、与世界的关联思考，重新审视"穿衣打扮"这件寻常不过的日常小事——民族的才是世界的，在博采众长的过程中，我们万万不能丢弃了我们无穷无尽的文化宝藏。

《时尚大师》第一季已经收官，但是它的征程还远远没有结束，它正翘首以待更多的优秀设计师加入，让东方美学绽放更加灿烂的时尚之光。

非物质文化遗产
展示传播案例

第五届中国非物质文化遗产博览会综述

● 第五届中国非遗博览会组委会

2018年9月13日，第五届中国非物质文化遗产博览会在山东济南盛大开幕。从外围到展厅均经过精心设计的主展馆惊艳亮相；八大主题展区、五大活动板块，让观众近距离观赏"活态非遗"；"非遗社区行""非遗校园行""舌尖上的非遗"等活动多点开花，精彩纷呈；来自全国各地的优秀非物质文化遗产项目及传承人云集泉城，展现非遗精华……本届中国非遗博览会为广大游客和观众奉献的是一届可视、可触、可感的，体验性强、互动性强、感染力强的文化盛会。

中国非物质文化遗产博览会是全国非物质文化遗产保护"西部一节（成都国际非物质文化遗产节）、东部一会"两大全国性节会之一，是充分展现我国非物质文化遗产保护的丰硕成果、引领非物质文化遗产保护工作方向的重要平台。中国非物质文化遗产博览会每两年举办一届，自2010年起已成功举办了四届。

第五届中国非遗博览会由文化和旅游部、山东省人民政府共同主办，以"活态传承、活力再现"为主题，体现"见人、见物、见生活"的非物质文化遗产保护理念，突破静态的展览模式，融园林式设计、多样化活动、活态式展览于一体，让非遗项目及技艺以更加生动鲜活的方式呈现出来，让观众近距离感受和领略非遗的无穷魅力和风采，倾力打造济南人民身边的非遗博览会、全国人民都能看得见的非遗博览会。

一、景观式外围：竹林美景，诗意盎然

很多参观者刚来到本届中国非遗博览会的主展馆——济南舜耕国际会展中心门外，就被眼前的竹林美景惊艳到了：从千里之外的川西运至泉城的 2 000多根竹子"拔地而起"，以穿斗式木架构的形式搭建成一个错落有致的竹林；顶端有大量竹编和竹篾盘旋缠绕，形成富有现代性、流动性的线条，行云流水般悬挂于半空；五组竹林错落排列，再现原汁原味的"川西林盘"居住形态；外围还有高低错落的篱笆相拥环绕，点缀搭配竹竿、竹编、竹椅、篾条等，雅趣十足。参观者可在竹林中缓步前行，细细品味恬静、淡然的巴蜀生活气息；也可找合适的角度拍照留念，将观展的美好瞬间定格并"带回家"。

这是主展馆设计师精心打造的竹空间艺术装置作品，约 3 300 平方米，既运用国家级非遗项目四川道明竹编的传统技艺，又融入现代元素，体现出"让非遗融入现代生活"的发展理念，让参观者感受中国传统工艺的建筑结构以及东方审美生活的千古传承。

二、园林式序厅：曲径通幽，移步换景

除了独具匠心的外围空间营造，设计师还借鉴移步换景的古典园林造景手法，为主展馆特别打造了一个高科技序厅，就像一篇文章的精彩开头，引人入胜。

步入主展馆，一个蓝色桥型阶梯映入眼帘，令整个展览"犹抱琵琶半遮面"。缓步登上阶梯或从两侧绕行过去，会突然感觉峰回路转、柳暗花明，一个开阔的"半围合空间"豁然出现：古朴别致的亭子、曲折环绕的回廊，让人仿佛置身园林；两艘气势磅礴的湖畔龙舟，停在波光粼粼的水面上；波光荡漾、白墙灰瓦间，京剧刀马旦演员粉墨登场……

整个序厅面积不大，却展示了古建营造技艺、园林营造技艺以及传统民俗中的诸多非遗元素：桥型阶梯，参考苏州园林，打造移步换景的视觉效果；亭子及回廊，采用中国传统古建的建造技艺，并与现代工艺相融合；"亭畔流水"，运用高科技手段打造声、光、画并茂的效果；"湖畔龙舟"则展现了中华民族传统节日端午节的民俗和龙舟制作技艺。整个序厅流光溢彩，令人耳目一新，也让整个展览瞬间灵动起来。

三、主题式展区：活态展示，活力再现

主展馆的主体展区在布局上亦打破常规，不再按照省份进行划分，而是按

照传统工艺展览项目，分为织绣印染、陶冶烧造、编织扎制、制茶酿造、印刷刻绘、家具文房、中药炮制、雕刻塑造八个主题。这种布局突出了非遗博览会的整体性，也体现出非遗特色和专业性。观众可以在同一场馆观摩和体会不同地域、不同流派之间的风格和技艺差别。

八大主题皆有情景化展示活动，堪称画龙点睛之笔。小两层楼高的南京云锦大花楼木织机上，两名织工展示着南京云锦的织造工艺，旁边搭配"白局"艺人的表演以及云锦华服的"模特秀"；宫殿般富丽堂皇的万工轿，与苏绣嫁衣一起亮相；京作家具展示区里，穿蟒扎靠、英气十足的刀马旦正在化妆勾脸；柔润清秀的苏作圈椅上，评弹艺人一首《江南好地方》唱得绵软甜糯；以苏作家具、紫砂壶、临夏砖雕、夏布等非遗精品打造而成的中式生活体验区，堪称非遗生活方式的"样板间"……突破静态的展览模式，着重营造场景式、体验式文化互动空间，展示"活态非遗"，也是本届中国非遗博览会的一大亮点。

八大主题展区集中展示来自全国各地、各流派最具代表性的非遗项目，通过不同历史时期的代表性作品、生产工具的展示，以实物、图片、视频等形式详细展现其历史发展、传承脉络、生产工艺过程。展区还设置产品销售区、传承人现场展演区以及观众互动体验区。就具体非遗项目而言，织绣印染展区有桑蚕丝织、少数民族刺绣、蜡染、扎染等，陶冶烧造展区有制陶、砂器、瓷器、琉璃等，编织扎制展区有竹编、草编、柳编、棕编制伞、灯彩等，制茶酿造展区有酿酒、制茶等，印刷刻绘展区有雕版印刷、木版水印、剪纸刻纸、皮影等，雕刻塑造展区有玉雕、砖雕、竹木雕刻、泥塑、面塑等。

四、多样化活动：一馆多点，全面开花

本届非遗博览会采用"一馆多点"的办会形式，让非遗走近大众，贴近生活。精彩纷呈的展示展演活动，让泉城济南因非遗而更加精彩，因非遗而更有魅力。

主展馆的现场活动分为展演、展览、比赛、体验和论坛五大板块。展会期间，各类传统表演艺术类非遗项目，在主展馆前广场，部分广场、公园轮番上演，带动济南市民参与其中；八大主题展区集中展示近年来中国非物质文化遗产项目保护成果，充分体现我国非遗的丰富性和多样性，展现非遗的活力与魅力；来自全国的200余位传统工艺传承人和从业者，将参加传统工艺比赛的决赛，并带来一场高水平、高质量的非遗技艺表演；在互动体验区，参观者可以在非遗传承人的指导下，创作一件独一无二的作品，创造"可带走"的非遗记忆；在"振兴传统工艺与精准扶贫"和"传统表演艺术传承发展"两大论坛上，专家、学者、传承人代表共同交流经验，分享优秀案例，探讨非遗保护与传承领域的难点问题。

本届非遗博览会还将深入城市社区、乡村、学校、公共文化场所、景区、商场等，开展"非遗社区行""非遗校园行""舌尖上的非遗""非遗的世界"等系列活动，打造济南人身边的非遗博览会、全国人民看得见的非遗博览会。100支演出队伍，深入300多个社区进行展示展演；25所学校开展剪纸、曲艺等校园传承成果方面的展示和评比，"非遗进校园"系列教材（一套四册）发

放至学校；来自全国各地的 200 多家中华传统老字号饮食企业进驻高新区万达广场，让参观者品尝"舌尖上的非遗""可吃的非遗"；"非遗影像展"调集珍贵的国家级、省级、市级非遗影像资料 70 余部，在各区县场馆展映，展示一个魅力无限的"非遗的世界"。

济南的 8 个分会场以及潍坊分会场同时拉开帷幕，为广大游客和观众带来一场不一样的非遗之旅。

一场既传统又现代、既熟悉又陌生的盛会已经开启。一座有着几千年历史的文化名城因非遗而奏出新的华彩乐章。让我们共同努力，将承载着历史文化记忆与中华民族精神血脉的非物质文化遗产传承下去。

从"锦绣中华"看非遗传承的现实方法

● 李珊珊 *

"锦绣中华"——中国非遗服饰秀是文化部恭王府博物馆自 2017 年文化和自然遗产日起，推出的"非遗 + 时尚"服装服饰展演活动，至今已成功举办两届。

展演选取非遗在现代服饰中的设计和应用，将传统的非遗之美，结合当下的时尚设计，由模特身着华服在秀场上演绎。至今，苏绣、潮绣、二十四节气、苗绣、蜡染、挑花、扎染、竹编、蜀绣、苗族银饰锻制技艺、京绣、夏布等多项国家级非物质文化遗产项目已通过"锦绣中华"的舞台，被社会聚焦。

这种传统和时尚双线并行、将非遗和服装服饰跨界转码的做法，为非物质文化遗产的当代传播和传承提供了一种现实方法。笔者作为活动的组织者、参与者，对活动的方法论和意义进行了观察和分析。

一、非遗传承可跨界也要会整合

一方是文化，自带深度和厚度；另一方是时尚，跳跃时代风貌。据笔者观察，此次"锦绣中华"活动，除了运用跨界手法进行现场呈现之外，主办方还将以

* 李珊珊，文化部恭王府博物馆中华传统技艺研究与保护中心秘书长、中国工艺美术学会传统工艺协同创新中心副秘书长。本文曾发表于全国中文核心期刊《艺术评论》2018 年第 8 期。

下几个方面做出整合：过去和未来、民族和世界、非遗和扶贫、专业性和群众性。

第一，一大批中国杰出设计师和设计团队全身心投入"锦绣中华"服饰秀创作，以传统文化为根，搭建创意和衍生的人才梯队，通过"锦绣中华"的舞台连接中国文化的"过去和未来"。设计师在这个过程中变成一座桥梁，在他们的手中，色彩是一种语言、图形是一种语言、材料也是一种语言。他们将过去和今天联系在一起，再设计出面向未来的作品。"锦绣中华"整合传统与现代、过去与未来的辩证关系，让观众在秀场看到的非遗不是回到过去，而是面向未来。

第二，多场服饰秀选取了彝族、布依族、苗族等少数民族的刺绣、蜡染技艺，把古老的苗绣、马尾绣、数纱绣、锁绣、扎染与现代时尚元素相结合，展现东方与西方、"民族和世界"的碰撞火花。我国少数民族地区的非物质文化遗产众多，当地的非遗大家都非常珍视，但现实难点在于，这些技艺难以走出地域融入其他的地域和环境中。这一点，由非物质文化遗产的自身属性和传承特点决定，其文化根基具有在地性，受地域文化的限制。然而随着经济和社会的发展，这些手艺和技艺除了满足自身需求外，也为其他领域和空间的需求服务，在这个过程中可能会出现很多矛盾，"锦绣中华"正是抓住了服装这一生活必需品，诠释了"民族的就是世界的"，让民族的文化顺理成章地走到大众的生活当中。

第三，我国许多民族边远地区都拥有特色突出、数量众多的非遗瑰宝，但这些瑰宝却长期"养在深闺人未识"。2018 年 6 月 6 日，"锦绣中华"舞台迎来"木真湘韵——非遗服饰秀"，参演单位是北京木真了公司驻湘西传统工艺工作站。为了发掘、保护、传承湘西非物质文化遗产，2016 年 3 月，在文化部

木真湘韵——非遗服饰秀

的支持下，木真了公司驻湘西传统工艺工作站落户湘西州民族职业技术学院。
两年多来，传统工艺工作站立足湘西丰富的传统文化资源，加快传统工艺与现
代科技和时代元素融合，促进传统工艺产、学、研结合，并培养苗绣人才和绣娘，
以订单促进绣娘在家门口就业增收，实现精准扶贫。通过"锦绣中华"的舞台，

人们真切地感受到"非遗和扶贫"的紧密关系。

第四，除了晚间由专业设计师打造的非遗服饰秀之外，2018年的"锦绣中华"的"非遗进景区"活动中还有两个白天场的群众体验性质的非遗服饰秀，即"老有所为——老年旗袍秀体验非遗服饰秀"和"少有所乐——少年纸艺体验非遗服饰秀"。这两场展演的组织者和模特都并非专业出身，身着旗袍的银发老人和十几岁的青少年在文化和自然遗产日期间，用实际行动表达了对非遗的热爱。"锦绣中华"的舞台，整合了"专业性和群众性"。有学者统计，在《保护非物质文化遗产公约》《实施〈保护非物质文化遗产公约〉操作指南》《保护非物质文化遗产伦理原则》文本中，分别有10处、129处、14处述及"社区"两字，可见尊重社区和社区参与是实施保护非物质文化遗产各种措施的基本前提。提高群众参与度，持续提升人们的文化认同感，才能为非遗传承赢得阵地。

二、非遗传承要使用能与世界对话的通用语言

"锦绣中华"活动是在中共中央办公厅、国务院办公厅印发《关于实施中华优秀传统文化传承发展工程的意见》背景下的一次具体践行，诠释了优秀传统文化的创造性转化和创新性发展。主办方采用了能与世界对话的通用语言进行非遗传承和传播。笔者从2017年、2018年两年的实践中梳理出以下四点可借鉴的经验。

（一）把握差异性和相关性，连接熟悉与陌生

恭王府作为我国目前保存最完整的清代王府建筑群，在传统文化空间里展示非遗、展示时尚，这种差异性是天然存在的，差异和冲突怎样转变为相关和默契？熟悉与陌生怎样连接？恰恰成为吸引观众的兴趣点。

文化传承不能仅靠砖瓦砂石的重建，还必须通过丰富多彩的人文活动来扩散和传播。中国非物质文化遗产一手握着过去，一手指向未来，在恭王府这样的古建空间里得到时光的交融。音乐响起，威严华贵的王府院内，模特身穿糅合传统文化和非遗的现代服装款款而出，时空感强烈，却又契合环境，这种差异性和相关性变成了走秀的"故事线"，打破了原有的"冲突"。

（二）解码生活和传承，强调非遗就是当下

一场成功的非遗活动，热闹不是目的，重要的是要抓住非遗的特性。"锦绣中华"成功解码生活和传承，强调"非遗就是当下"的科学论题。

可以看到，此次非遗服饰秀的时装实穿性强，不仅仅适用于 T 台，也适用于我们的日常生活。非遗是传统的，时装是当下的；文化是久远的，生活是身边的，大部分人依然有这种片面认知。对于非物质文化遗产而言，价值认同是重要的方面，要促进更大范围人群价值认同的形成，帮助更多非遗项目"回归"日常、焕发生机。非遗不仅属于过去，它们更活态存在于当下。

（三）注重秀场展演，营造整体意境

每场服饰秀开场的热场演出，都选取具有鲜明地域特征和少数民族特点的

展演活动，如苗族古歌、彝族原生态音乐和歌舞"三跺脚"、古琴、湘西刺绣表演等，不仅与恭王府古建秀场整体风格吻合，也与服装、模特、服饰秀的主题统一，共同营造了浸入式的秀场体验。

来自苗绣、苏绣、黄梅挑花、苗族蜡染、荣昌夏布、湘西苗画等多领域的国家级非遗代表性传承人也在现场直面观众，讲述他们在古老技艺传承与坚守过程中的动人故事，并就如何保护和传承中国非物质文化遗产发表了各自的见解，为人们上了一堂生动的"非遗公开课"。

（四）采用跨界整合，打开非遗传播新思路

和物质文化遗产相比，非物质文化遗产更需要依靠传播生存。"锦绣中华"活动的传播工作也颇有看头，不管是筹办期，还是活动进行过程中，传播完全同步，没有滞后。

在"百度知道"中可以检索到，人们了解非遗的主要途径是互联网，占比超过30%，而互联网的使用群体以年轻人为主。所以在整个"锦绣中华"活动的宣传布局中，活动前期采用微信朋友圈 H5 传播，在换装、秒拍等多个游戏和短视频平台中融入话题词，抓人眼球。活动期间用全网联动直播方式"推倒府墙"，收获 5 800 万人次的网络直播观看量，活动后期在微纪录片与社交平台开设"穿在身上的非遗"互动栏目，吸引 4 337.4 万人次互动……

活动采取"跨界＋整合营销"的非遗传播思路，即借助非遗的 IP，打造文化活动品牌，紧扣"非遗融入时尚生活"主题，完成"恭王府""非遗""博物馆""传统""时尚""创意衍生"等关键词的重建和契合。任何一件事物传播的繁荣，

都能带来后续的传承，正是运用了全媒体多样化传播形式、分众化互动式服务方式、大众化生活化话语表达，非遗传播才呈现出"人人参与、人人传承"的火爆局面。

三、结语

"锦绣中华"中国非遗服饰秀在内容上注重思想内涵、审美价值标准的传播；在形式上注重转化，注重与时代内涵和当代表达的结合，鼓励社区和群众广泛参与；在效果上注重中国传统工艺的现代化新生和中国文化的世界化表达。

真正的时尚，并非仅指T台上的风景，而是根植于每一个中国人内心深处的审美认同，是在五千年文明中吸取养分的同时，结合当代风貌转化而来的美的延续。虽然"锦绣中华"只是一场文化展演类活动，但从其中提炼的传统文化和非遗在当代社会传承和传播的方法论，值得我们思考和探讨。

浙江温州：非遗体验基地超级连接大众生活

● 杨　红 *

2018 年，浙江省温州市经过多轮实地调研，决定将非遗体验基地建设作为非遗传承发展新形式和新举措，为社会公众提供零距离对接优秀传统文化、"见人、见物、见生活"的系列场所。近百家非遗体验基地在全市 11 个区县市陆续建成，非遗展示展演、普及体验课程、互动体验活动全面常态化，非遗体验渐成为温州市民文化消费的重要方式。浙江省文化厅副厅长陈瑶在调研后评价："温州非遗体验基地是非遗走进现代生活的一扇门，是公众观察非遗的一扇窗，是传承人开展普及教育的阵地，是公众体验非遗的平台。"

一、非遗体验基地的特点与效果

（一）成为文化旅游重要吸引物

非物质文化遗产是文化旅游的重要资源，可融入旅游的吃、住、游、购各环节，延伸旅游产业链，提升旅游目的地的吸引力。在温州，非遗体验基地不仅建到了旅游产业链的各个环节，而且成为这些乡村民宿、旅游景区和旅游线路的核心特色，

* 杨红，中国传媒大学文化产业管理学院副研究员。

让当地人的假期变身为一场文化体验，让游客的温州之行多了一种"最温州"的选择。

温州市泰顺县的大安乡视非遗为宝，将促传承与促发展融为一体，以文化带动美丽乡村建设和旅游发展。其中，大丘坪村是个土陶文化村，不仅保存着较完整的柴窑和大批古民居，还保留着传统的土陶制作技艺和 20 多位制陶艺人。乡里积极引导该村村民成立了安能手工艺合作社（以下简称安能合作社），促成村集体以土地折价入股、农户以资金和民居入股、传承人以制陶技艺入股。目前，安能合作社有 17 位村民入股，其中大多数人都会制陶，还包括了市、县两级传承人 5 名。这个户籍人口 1 347 人，实际常住人口只有 890 多人的村落，因为"非遗体验＋乡村旅游"而热闹起来。2018 年以来，已接待游客 26 000 人次，举办制陶培训 15 期、大型民俗活动 8 场次。平时，传承人轮流在体验坊辅导慕名而来的游客体验制陶，周末人多，就有 4 ～ 5 个合作社村民在体验坊服务。除了制陶，邻近的下塔村还建立了米塑体验馆，目前正在建的还有药发木偶传习所等。据了解，9 月 23 日，首个中国农民丰收节时，大安乡举办了首届非遗体验旅游节。节日期间游客可领取非遗任务卡，完成非遗体验就可获得通关印章，领取纪念伴手礼。游客还可亲自体验传统农事活动，收割彩色水稻，感受丰收喜悦。可以说，大安乡这片区域已然形成一条非遗体验旅游线路，非遗项目不出村，游客跟着导览就到了村里来体验。

端午包粽子、七夕做巧食、中秋做月饼……盼着过节，备着食材，全家动手，邻里分享，浓厚的节日氛围就在这亲力亲为中得到延续。当下，人们在叹息节日淡而无味的同时，也在努力找回节日的仪式感与归属感。一大家子人、一群要好的朋友，入住民宿来体验民风民俗，已成为文成县的一种潮流，常常刷爆朋友圈。

温州至今还保留着七夕制作麻巧的风俗。在文成县巨宇镇葛洋村的"十亩之间"民宿的院坝里，孩子们围坐在桌子旁，由民宿的员工引导着，将面团搓成如食指一般粗细的条状，再撒上一层芝麻，小心地放入烤盘中，员工则负责接下来的烘烤。几分钟后，数盘麻巧出炉，冒着热气，香味扑鼻，细细品觉，甜酥之中更有薄荷的清新。实际上，"十亩之间"民宿是一幢花了100多万元改造的建于20世纪80年代的老房子。2016年试营业时，这家民宿并不被人看好，因为它一不靠近景区，二不靠近公路，山前山后也是普通乡村景观。可是没想到，这个以节气民俗、传统工艺、农事体验为主要卖点的民宿不仅活了下来，仅2017年就有15 000人来此体验，举办了各类非遗民俗体验活动100多场。这家民宿如今已经声名在外，2018年以来数次受邀到其他乡镇设点。

全域旅游视角下，遍布全市的非遗体验基地恰好也织成了一张全域非遗旅游的大网，形成了一条条非遗体验特色线路。泰顺百家宴，文成太公祭，瓯海周岙挑灯节，苍南拔五更以及苍南、平阳、泰顺、文成各县的畲族三月三等节庆民俗活动，也是重要的旅游文化资源。又如，畲族婚俗项目创新开发为婚礼服务项目，用传统的婚俗仪式为当代新郎新娘办婚礼。盘活这些资源，并通过市域统筹、做好规划，形成周而复始的非遗体验基地旅游圈，可带动文化旅游的可持续发展，从而进一步推进非物质文化遗产的保护。

（二）丰富经常性文化消费内容

当代，实体商业正处于转型期，体验式商业作为新型商业模式渐成为潮流，个性化与多样化消费对商业业态的带动作用十分显著。而其中，体验式文化消费兴起，复合型实体书店、文化创意快闪店等备受年轻人青睐，将逐渐成长为文化消费的重要内容。而以人的传承与创造为核心、附着深厚文化内涵与情感记忆的非物质文化遗产，理应成为体验式文化消费的资源宝库。

从另一个角度来看，如何让消费更有文化？体验式消费，如果能够让非遗等中华优秀传统文化的体验成为当代人经常性的文化消费内容，那么就既达到了文化消费的更高层次，也达到了非遗保护与传承的更高层次。实际上，这一设想已在温州得到落实。

在温州市龙湾区万达广场一层的星巴克隔壁就有一处非遗体验基地——时光印记活字印刷体验馆。城市中的商业综合体往往是人流最为集聚的地段，面对高昂的房租，能够在这里开出非遗体验馆，也着实让我们吃了一惊。没想到这个体验馆已经开馆一年，有1万余人走进该馆体验了活字印刷、丝网印刷、古法造纸、扎染、凸版印刷、雕版印刷、古法装帧等手工艺项目。体验馆不仅等着市民走进来，他们也走出去，把体验活动带到展会、学校、社区，这样下来，体验总人数达到约3万人次。体验馆负责人陶建通告诉我们："时光印记还把自己定位为生活美学馆，给所有喜爱传统文化的朋友提供创造的空间，感受作为一名匠人的乐趣……"

浙江的"文化礼堂""美丽乡村"建设，温州的"城市书房""文化驿站"……

在浙江，在温州，越来越多遍布城乡的自然人文生态综合体正在建立，而非遗体验基地是把原本就属于人们的生活方式"手把手"再教给当代人，建立了大众与传统文化更为亲近和日常的连接。如何用最亲近的方式让人们主动传承文化？我们在浙江的温州找到了答案。

与此同时，让非遗项目在原生环境中得到传承与传播，涵养地方文化生态，使非遗不走样、接地气、玩得转，也非常契合非遗保护的核心精神。比如，上文提到的大丘坪村，原本属于本乡本土的土陶制作技艺的恢复与兴盛，结果却带动了村落人气的兴旺、生态环境的改善。土陶制作技艺市级传承人杨宗尾告诉我们，他 14 岁开始跟着村里老师傅学手艺，一干就是 20 多年。直到 20 世纪 90 年代，因为土陶制成品多为日用器具，被更具价格优势的工业产品所替代，做这门手艺的人越来越少，几乎完全停了。他做梦也没有想到能够重拾手艺，还能把手艺教给那么多人。

（三）设计开发促进创造性转化

非遗体验基地如何设计开发体验项目？并不是非遗项目直接拿到就可以给普通人体验。无基础也能上手、过程充满乐趣、能够形成带得走的作品、不能丢失体验背后的文化……各个体验基地都在热火朝天地探索之中。其中有项体验特别火，叫作瓷杯画。它是由温州蛋画和瓯窑创造性转化而来，体验的是蛋画的技法，但载体换成了生活中常用的瓷杯。瓷杯实际上也是体验者进行书法、国画等传统艺术创作的载体，他们还把这种结合之后的艺术形态叫作温州文人瓷，有一帮兴趣人群乐此不疲。这个体验项目的开发者就是鸣山民俗文化村开出的第一家非遗体验基地——鸣山陶院。这个体验基地里有温州市蛋画协会会员 40 多人，其中市级传承人 3 人、省级工艺美术大师 3 人，蛋画水平较高的有 10 多人。

瓷杯是体验的载体和材料，有些地区还专门针对非遗体验开发了专用材料包。鹿城区非遗创艺坊的志愿者团队就研制推出了 11 个非遗项目体验的材料包，具体有温州米塑、乐清细纹刻纸、丽岙花灯、仙岩钩花、草编技艺、温州叶同仁中药老字号、温州剪纸、十字花边绣、温州缝合皮鞋制作技艺、仙岩瓦当花檐制作技艺、苍南蛋画等，材料包的流水线生产降低了体验成本，同时也从材料把关层面提高了非遗体验质量。

（四）引导兴趣人群壮大传承力量

体验，不仅是从普及传播、弘扬文化的角度促进非遗在当代的振兴，而且也切切实实可以促进非遗的活态传承与生命力的激发。非遗保护的关键是对传承人的尊重、扶持与保护，而非遗体验基地将非遗传习的"内循环"转变为"外循环"，使当地的文化生态和非遗传承业态更加开放，壮大兴趣人群和传承人群，扩大非遗保护的群众基础，促成了非遗传播与传承的融合推进。

大丘坪村的曾焕念就是从尝试者变成传承者的其中一位年轻人。他说："我一开始没想过要继承这个，土陶土陶，多土啊，我那时候是真不能接受。"当时是因为村里一位土陶技艺传承人身上那种坚持的品质吸引了他，他才试着去做土陶。但是没想到，他在体验过程中惊喜地发现：把泥巴变成陶瓷其实很有趣，而且自己还有一种幸福的感觉。他自豪地告诉我们："我们村现在还有 5 个传承人，我是他们培养的下一代！"

非遗体验基地也是非遗传习的场所，不仅为传承人提供了场地，也为他们吸引了许多尊重、欣赏甚至渴望学习的人，增强了传承实践的活力。台上有演员，台下有观众，两者缺一不可。米塑项目传承人包能桃告诉我们："以前，我都是在家里做米塑，没有专门的桌子，工具和材料也没地方摆，有时孙子吵闹，完全没有心思创作，更别说传承了。现在有了工作室，我一有时间就来这里练手，工具和材料也不用搬来搬去，还能经常教大家做，比以前更有灵感了！"

二、非遗体验基地建设的意义

（一）以"体验"落实非遗的宣传、弘扬与振兴

在联合国教科文组织 2003 年通过的《保护非物质文化遗产公约》中，明确要通过遗产各个方面的确认、立档、研究、保存、保护、宣传、弘扬、传承和振兴 9 个方面的措施来确保非物质文化遗产的生命力。其中，宣传的主要目的是提高广大人民对非物质文化遗产的认知，了解保护非遗的意义以及如何来参与保护；弘扬则期望对非物质文化遗产的价值形成普遍认同，培养非遗保护坚实的群众基础；振兴是非遗保护中具有标志性意义的一项举措，需要其他措施的支撑才能完成。非物质文化遗产在当代的振兴，不仅要维系非遗的活态存在，而且要达到遗产项目自主传承、自身造血、自如发展的良好态势。

宣传、弘扬和振兴这三项保护措施本身互相联系，且与社会公众的关联性直接而密切。要使更多人了解、认同并参与非遗的保护与传承，就需要让人们确确

实实看得见、摸得着非遗，经常与非遗"打交道"，让人们对非遗产生兴趣、获得好感，甚至觉得忘不了、离不开，让人们从中得到自我价值实现的最高层次满足感。要让非遗保护具备这样深厚的群众基础，就要让非遗成为可以亲身体验、经常体验、深度体验的文化生活内容，让非遗回归社区和乡村。

（二）以"体验"满足大众更高层次的文化需求

党的十九大报告指出，中国特色社会主义进入新时代，我国社会主要矛盾已经转化为人民日益增长的美好生活需要和不平衡不充分的发展之间的矛盾。"美好生活需要"体现了人民群众需求层次的提高，而其中也包含了更高层次的精神文化需要。古往今来，地方传统、风俗习惯为人们提供着源源不竭的归属感和认同感。当代人依旧需要这些文化传统来维系归属感、激发创造力，满足精神文化的需要。

那么，如何让更多文化传统回归当代人的日常生活？根据马斯洛的需求层次理论，人类需求的最高层次是自我实现的需求。非遗在传播推广中要让人们有自我实现的感受，就要让人们参与文化，从中实现自我意志的转化与创造，而这些只有具有深度和过程性的非遗体验可以达到。正是因为这种创造的热情，近年来，手作在不同年龄层次的群体中广受欢迎。用手去制作，用心去打磨，成了年轻人日常消遣和表达情感的重要方式。手作、手工需要细致、专注、耐心与热爱，而这也是当代社会呼唤的"匠心"所在。

蓬勃的手作需求，加上非遗所特有的地方文化认同、古人智慧与审美，让工艺技艺类非遗体验的需求市场越来越大。温州市鹿城区就是其中一个典型案例。

鹿城区文广新局把他们组织的各类非遗体验课程、活动叫作非遗创艺坊。2018 年以来，非遗创艺坊已开发米塑、细纹刻纸、蛋画等 11 门非遗项目课程，在 47 个社区进行互动试点，共达 470 班次，参与者近千人，累计达 1 万多人次。实际上，鹿城区在非遗创艺坊之前还创设过手工坊，有居民就提出其文化韵味不足。因而，鹿城区按照公众需求对体验坊进行升级，形成了"非遗传承人 + 志愿者"的体验课开发组合，传承人对非遗项目的操作技巧进行适当简化、形成标准化的体验课程，和乐社工服务中心组织志愿者向传承人学习、集体备课，再由志愿者到各个社区授课。非遗创艺坊的非遗体验课程供不应求，好评如潮。一方面，这些体验源于本土传统工艺技艺，每次体验都是一次本乡本土文化的熏陶；另一方面，这些课程鼓励创造，人们从体验中可以得到自我实现的获得感。

（三）以"体验"促成非遗真正回归社区和日常

高丙中在《作为公共文化的非物质文化遗产》一文中曾谈到，文化是一定人群所共享的，它会因为享有的人越多而越有价值，越受到尊崇。非物质文化遗产原本就是该地区人民生活方式所承载的文化，属于本地社区。如果其中的一部分在当代被边缘化，成为了"文化遗留物"，那么，就要让它们在民间恢复可见性，让这些传统文化事项、艺术表现形式或其核心要素在民间得到自发的复兴。因而，准确地说，本地非遗在本地社区的复兴，不是"进社区"而是"回社区"。

在当代城市文化、社区文化的形成和积累过程中，共同的文化认同感和归属感不可或缺，促进非遗等本土文化传统的回归，具有十分重要的意义。家门口的"老手艺""老腔调"相对熟悉和亲切，无形中也降低了非遗体验的入门门槛。可以说，本地非遗体验，让老年人唤起记忆、老有所乐；让年轻人重拾传统、乐于动手。双莲桥社区的退休工人江月容就是这样，她在参加了米塑体验课程后，成了非遗创艺坊的超级粉丝。她制作的米塑作品摆满了家里的玻璃柜，最后还成为一名资深非遗志愿者，开始带着邻居们做米塑。

非遗体验基地在遍布城市的社区活动中心、商业场所、企业活动室里高频率地开展活动，实际上是恢复了非遗与所在社区的密切联系，让非遗可见、可参与，甚至经常见、经常参与，是非遗保护的重要发展方向。小区的物业海报上有非遗，公交的车身广告上有非遗，旅游的推荐线路中有非遗，商场的周末活动中有非遗，企业的员工文化里也有非遗。比如，鹿城区的非遗创艺坊不仅让社区非遗体验常态化，还将非遗体验活动带到企业、商场，2018年以来已经举办50场这类"快闪式"非遗体验。

三、结语

正如文化和旅游部原副部长项兆伦所说的："当地人要知当地事，当地人要知当地文化，当地人要能发现当地之美。"因为体验过，人们找回了非遗的价值。

作为一个专门研究非遗展示与传播的团队，在我们来到温州市调研非遗体验基地之前，已然坚定地认为：深度体验是非遗展示传播的发展方向。调研之后，我们看到，非遗体验课程、活动和场所，其意义绝不止于促进非遗的传播、传统的普及。社会公众因为非遗体验得到了传承文化和创造文化的满足感，而本乡本土的非遗项目真正重回百姓身边。所以，非遗体验基地的温州实践，对于传统文化的传承与发展，对于满足人们对美好生活的追求，对于乡村振兴的促进，都具有十分现实而重要的意义。

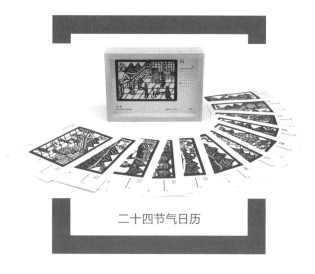

二十四节气日历

山西静乐剪纸之互动教育传播探索实践

纪伟石　李思敏[*]

非遗作为我国综合实力的重要组成部分，对其保护及传承不仅是对本民族文化的继承和发展，同时也是传播民族文化，增进文化交流，提升国家形象的重要途径。

为了保护非遗，提高传统工艺的发展水平，改善材料，拓展市场，扩大就业，并且帮助当地培育品牌以促进传统工艺走进当代生活，文化部恭王府博物馆于

---

* 纪伟石，李思敏，山西灌木文化传媒有限公司职员。

2017 年在山西省忻州市静乐县设立了传统工艺工作站。

近年来，致力于非遗的保护推广及相关产品开发的山西灌木文化传媒有限公司（以下简称灌木文化）作为参与忻州传统工艺工作站的设计团队之一，依托山西静乐剪纸项目展开了一系列非遗保护与传承工作，希望将该项目以更符合现代审美及传播要求的方式呈现，增加产品的多样性的同时，拓展推广的维度。

山西省忻州市静乐县盆子水村地势低凹，民风淳朴，许多当地村民从小就学习剪纸、面塑等传统手艺，而山西静乐剪纸于 2014 年 11 月列入国家级非物质文化遗产代表性项目名录扩展项目名录。

团队多次实地探访了忻州市静乐县盆子水村，对比了静乐剪纸在山西乃至整个华北地区剪纸中的地位、影响力，以及主要特色。由于当地群众的要求、爱好、风俗习惯的不同，静乐剪纸在应用和风格上也不尽相同，静乐剪纸逐渐形成了窗花和墙花两种类型，墙花尤为见长。

通过前期的研究与讨论，团队发现，目前静乐剪纸的应用场景非常有限，现代消费者对乡土文化和民间艺术了解较少，需要以更亲民和更具有趣味性的呈现方式，才能将这门艺术更好地推广和发扬。

于是，公司选择了与当地手艺精湛、经验丰富的剪纸艺术传承人辛翠平签约，她的 20 多幅作品入选静乐县作品集。团队希望通过与她的合作，将静乐剪纸真正引入当代消费与生活空间。

艺术来源于生活，团队试图从辛翠平的作品中寻找她的生活。她从前的剪纸作品大多围绕着日常生活，多为窗花等，采编人员经过与她沟通，闲话家常，渐渐对她的生活多了几分了解。

随着彼此信任的加深与沟通的深入，团队的想法也逐渐成型，团队根据辛翠平口述，整编了五个充满北方乡村生活气息的小故事，请她以剪纸的方式呈现出来。此外也将十二生肖、二十四节气等中国传统民俗剪纸内容加入书本，再辅以贴纸、手账本等，形成了《国韵非遗——讲故事，学剪纸》这套寓教于乐、互动性强且充满浓厚民族特色的非遗教育类产品，希望通过这种产品形式吸引更多消费者关注剪纸。

这些艺术不应该只存在于乡野田间与博物馆陈列柜，而是自然地融入生活，与之为伴并代代传承。

在实践中，应注重构建科学有效的非遗保护研究和实践体系，实现全面保护与有效传承，使中国文化原创内容以及传统工艺的应用产生良好的品牌效应，让传统技艺在现代社会重新焕发出新的生命力。

为进一步推广静乐剪纸，团队拟于 2019 年启动"山西静乐剪纸教育互动巡展"项目，邀请辛翠平深度参与项目，梳理创作系列山西剪纸作品，包括乡土剪纸绘本故事系列、十二生肖系列、二十四节气系列、特色山西系列等，策划出版绘本书籍《国韵非遗——讲故事，学剪纸》，形成 VR 互动产品以及手账本、书签等系列文创衍生产品。以期通过该项目让山西静乐剪纸作品得以走进大众生活，并通过传承人现场展演教学、亲子绘本阅读等教育互动类配套活动，实现寓教于乐、非遗活态传承的目的。

系列巡展首场展览拟于 2019 年年初落地北京恭王府，并陆续于太原、上海、广州、杭州、天津、厦门等城市举行，周期约 100 天。

此次项目区别于传统非遗展演项目之处在于——教育互动性和寓教于乐的特点。项目整体从儿童教育角度切入，策划了《国韵非遗——讲故事，学剪纸》绘本故事书、VR 互动、二十四节气手账本等教育互动产品，而这些教育互动产品将与传承人系列剪纸作品构成展览的重要部分。

展览现场将配套亲子课程，将亲子剪纸绘本阅读、VR 互动和"传承人教你学剪纸"等内容相结合，让家长与儿童在讲故事、学剪纸的亲子互动体验中，立体化了解、认知山西静乐剪纸及其背后的乡土文化。

因为展览所具备的互动教育性，亲子互动体验更易于让大众立体化认知国家级非遗项目山西静乐剪纸，并且更易于被记忆与传播，同时绘本书籍的出版可以打破展览本身的时空局限性，让文化的传播更加持久和广泛。

山西静乐剪纸历史悠久，是劳动人民创造和灌溉的艺术之花。作为地方极为流行的传统民间艺术，它承载着劳动人民对农耕生活智慧的点滴感悟和对美好事物的朴素感知与向往。以其二十四节气系列剪纸作品为例，就以独特的劳动人民视角，朴素地呈现了二十四节气与农耕文化之间的紧密联系。

对山西静乐剪纸传承人的系列作品，既是对传统剪纸纹样的再梳理，也是民间艺人的艺术再创作，更是对璀璨民间艺术形式及其背后文化的保护与传承。举办山西静乐剪纸相关巡展，不仅可以让晋北地域的特色民俗文化伴随展览走进大众视野，而且使其得到更广泛的传播与推广。

灌木文化将发挥原有参与新疆哈密传统工艺工作站等多地域非遗项目经验，将剪纸艺术以更亲民与浅显易懂的方式呈现，增强活动的互动性与趣味性，推动剪纸艺术的推广与普及，改变以往剪纸在大众心中的刻板印象，以达到保护与传承的目的。

试论云南省民族民间歌舞乐展演与非遗传播的关系

● 杨金杰　刘凤英[*]

云南民族众多，非物质文化遗产资源丰富。1997 年至 2017 年举办的十届民族民间歌舞乐展演是弘扬民族文化、展示非物质文化遗产保护成果与促进传承传播的重要平台。当前，如何提升民族民间歌舞乐作品水平、促进非物质文化遗产保护传承、展示传播，是值得每位文化工作者深思的问题。

一、云南省民族民间歌舞乐展演简述

云南省于 1996 年首次提出建设"富有特色的民族文化大省"目标，云南省文化厅、云南省民族事务委员会研究决定每两年联合举办一届全省民族民间歌舞乐展演，展演宗旨为弘扬民族传统文化、建设民族文化大省。从 1997 年开始，云南省文化厅就约请专家论证，制定业务标准和评奖办法，发动广大文艺工作者深入生活，扎根基层，拜各民族群众为师，搜集、整理民族民间有代表性的音乐舞蹈素材，锤炼各民族有代表性的音乐舞蹈作品，用两年举办一届民族民间歌、舞、乐展演的形式，展现和推广优秀作品。至今已举办十届民族民间歌舞乐展演[①]，积累作

* 杨金杰，云南大学在读博士生，云南省非物质文化遗产保护中心副研究馆员；

　刘凤英，昆明市文化馆（昆明市非物质文化遗产保护中心）馆员。

① 第一届至第十届民族民间歌舞乐展演的举办时间分别为 1997 年、1999 年、2001 年、2003 年 11 月、2006 年、2009 年、2011 年、2013 年、2015 年、2017 年。2009 年至今，均固定为每两年举办一届。

品 625 个①。2018 年 7 月，《云南省文化厅"十三五"时期文化发展改革实施方案》中进一步明确："实施云南民族民间歌舞乐扶持工程，抢救保护和挖掘整合云南民族音乐舞蹈资源，推出一批主题民族音乐舞蹈作品，打造具有鲜明云南风格和特色的传统艺术品牌。"②通过歌舞乐展演这一平台，逐渐提炼出一批民族文化优秀节目，在这一过程中，歌舞乐展演逐渐成为非物质文化遗产展演的重要品牌。

---

① 数字由统计历年参演节目所得。
② 云南省文化厅关于印发《云南省文化厅"十三五"时期文化发展改革实施方案》的通知（云文法〔2018〕9 号），http://www.whyn.gov.cn/list/view/2/7340，2018-08-08。

二、云南省传统音乐、舞蹈类资源概况

云南的非物质文化遗产类型繁多、底蕴深厚，内容丰富，涵盖濒危民族语言文字、民间文学、传统音乐、传统舞蹈、传统戏剧、曲艺、传统体育、游艺与竞技、传统手工技艺、传统美术、传统礼仪与节庆、传统美术、传统知识与实践、传统文化保护区等。云南省是全国非物质文化遗产资源的核心区域和保护重点示范省份。目前，我省有各级政府公布命名的四级非物质文化遗产代表性名录项目 8 590 项，其中国家级 105 项（122 个保护单位），省级 450 项（610 个保护单位，已刨除入选国家级的项目），州（市）级 2 778 项，县（区）级 5 422 项。而在云南的少数民族中，最为普遍存在也最具生命活力的当数音乐舞蹈活动。少数民族的婚丧嫁娶、节日、礼仪、农事乃至咏史诵经都离不开音乐舞蹈，而每个民族的音乐舞蹈，又独具富有个性的旋律与动律。

（一）传统音乐类

在我国公布的非物质文化遗产名录中，云南省入选国家级非物质文化遗产名录项目有 105 项（122 个保护单位），传统音乐类项目有 10 项[①]，分别为傈僳族民歌、哈尼族多声部民歌、彝族海菜腔、姚安坝子腔、彝族民歌（彝族酒歌）、布朗族民歌（布朗族弹唱）、洞经音乐（妙善学女子洞经音乐）、弥渡民歌、纳西族白沙细乐、剑川白曲。目前，除国家级外，云南省公布的第一、二、三、四批非物质文化遗产名录共有 450 项（610 个保护单位），传统音乐共有 43 项[②]。20 世纪80 年代以来，云南各地音乐工作者对云南的传统音乐进行收集、整理、研究，积

---

① 根据国发〔2006〕18 号、国发〔2008〕19 号、〔2011〕14 号、〔2014〕59 号文件统计所得。

② 根据云政发〔2006〕75 号、云政复〔2007〕36 号、云政发〔2009〕152 号、云政发〔2013〕148 号、云政发〔2017〕33 号统计所得。

累了大量资料，包括叙事歌、山歌、小调、情歌、儿歌、劳动歌、舞蹈歌、风俗歌，总数在 2 万首以上；乐器有巴乌、葫芦丝、吐良、俄比、月琴、达比亚、弓笛等 300 多种[①]。同时，2002—2005 年，经过普查的传统音乐类资源项目有 1 074 项[②]。

（二）传统舞蹈类

据统计，云南省入选国家级非物质文化遗产传统舞蹈类的项目有 25 项[③]，分别为迪庆锅庄舞、木鼓舞、壮族彝族铜鼓舞、傣族孔雀舞、傈僳族阿尺木刮、彝族葫芦笙舞、彝族烟盒舞、基诺族大鼓舞、傣族象脚鼓舞、彝族打歌、彝族跳菜、彝族老虎笙、彝族左脚舞、彝族乐作舞、彝族三弦舞（阿细跳月、撒尼大三弦）、纳西族热美蹉、布朗族蜂桶鼓舞、普米族搓蹉、拉祜族芦笙舞、棕扇舞、热巴舞、耳子歌、铓鼓舞、水鼓舞，怒族达比亚舞。目前，除国家级外，云南省公布的第一、二、三、四批非物质文化遗产名录中，传统舞蹈有 48 项[④]。1982 年，云南省为编撰《中国民族民间舞蹈集成·云南卷》开展普查工作，收集舞蹈 1 225 种、服装 7 818 套、舞曲 6 950 首[⑤]；同时，2002—2005 年，经过普查的传统舞蹈类项目有 635 项[⑥]。

以上是对云南省传统音乐类、传统舞蹈类的非物质文化遗产的概述。同时，与音乐、舞蹈相关的非物质文化遗产，涉及民间文学、民俗等诸多类别，均可以成为歌舞乐展演作品的直接素材。当然，其他类别亦可成为歌舞乐展演的创作源泉和艺术灵感。

---

① 云南省文化厅编：《中国非物质文化遗产普查报告 云南卷》，22 页。
② 根据 16 个州市普查情况汇总所得。
③ 根据国发〔2006〕18 号、国发〔2008〕19 号、〔2011〕14 号、〔2014〕59 号文件统计所得。
④ 根据云政发〔2006〕75 号、云政复〔2007〕36 号、云政发〔2009〕152 号、云政发〔2013〕148 号、云政发〔2017〕33 号统计所得。
⑤ 云南省文化厅编：《中国非物质文化遗产普查报告 云南卷》，36 页。昆明，云南出版集团，云南省人民出版社，2018.
⑥ 根据 16 个州市普查情况汇总所得。

三、歌舞乐展演：作为保护、传播实践的一种途径

云南省一直在探索非物质文化遗产的保护思路和工作方式，歌舞乐展演就是保护与弘扬民族文化的一个重要举措。多年来,作为非遗保护实践的一种有效途径,歌舞乐展演起到的示范作用与保护意义显而易见。

（一）合理利用丰富的民族文化资源

云南举办的十届歌舞乐展演的625个节目,如怒族对唱《哦得得》、白族弹唱《弦子弹到你门前》、佤乐《加玲赛》、傈僳族歌舞《阿尺木刮》等，均是与少数民族群众生产生活密切相关，反映少数民族劳动生产、表达爱情等日常生活的场景，因此，这些歌舞乐节目产生于民间，来源于少数民族日常生活的表达，取材于非物质文化遗产。节目编创人员在尊重其本真性的基础上,将精品节目呈现在舞台上,在给广大观众带来美的享受的同时，也充分地宣传、传播了该非遗项目，成为合理利用非物质文化遗产资源的有效手段。

（二）真正实现"从民间来、回民间去"的宗旨，从而推动少数民族群众文化自身的繁荣与发展

参加歌舞乐展演的少数民族音乐、舞蹈节目均来自民间，是少数民族生产生活的反映和体现。更重要的是，相关人员通过收集、整理，创编出一个个优秀民族歌舞节目，依托歌舞乐展演这一平台对民族优秀的音乐、舞蹈进行宣传展示，使群众了解少数民族的传统文化，从而进一步推动少数民族群众文化的繁荣和发展。

以海菜腔、烟盒舞为例，在入选国家级非物质文化遗产名录之前就曾在歌舞

乐中展示表演过，并博得当时在场观众的一致好评，现在已为云南省各族群众耳熟能详。经歌舞乐展演展示后，在海菜腔、烟盒舞项目所在地石屏县建立了 10 余个传承点，采取了老年带中年、中年带少年的方法，使优秀的歌舞乐真正回到民间，实现了群众文化艺术的反哺，扩大了海菜腔、烟盒舞这一歌舞乐遗产在彝族中的影响，推动了彝族歌舞乐进一步繁荣。

（三）繁荣了少数民族文化，尤其是 8 个人口较少民族的优秀音乐、舞蹈节目的挖掘

云南省有 26 个民族，其中独龙族、怒族、普米族、基诺族、德昂族、阿昌族、布朗族、景颇族是我国 8 个人口较少的民族。歌舞乐展演在弘扬民族优秀传统文化的宗旨下，尤其重视挖掘人口较少民族的优秀传统音乐、舞蹈类节目。

在十届歌舞乐展演中，云南 26 个民族中 8 个人口较少的民族均有参演节目，暂无满族、蒙古族节目参加展演[①]。阿露窝罗节于 2009 年入选省级非物质文化遗产名录，是阿昌族最重要的传统节日，起源于阿昌族早期狩猎生活中形成的蹬窝罗习俗。在第六届歌舞乐展演中，《阿昌女子蹬窝罗》就是汲取了阿露窝罗节中蹬窝罗的精华改编而成的优秀节目，女演员们刚劲有力的动作打破了传统民俗中女性的柔美；景颇族歌舞《欢庆目瑙纵歌》，道具是来自生活中的簸箕、巴斗，在舞台上完美展示了景颇族本真的生活现状，较好地体现了展演的原真性。

依托歌舞乐展演这一平台，繁荣云南省少数民族文化，尤其是挖掘人口较少民族的文化艺术种类，帮助和支持他们创建自己的民族文化品牌。

---

① 由查阅历届展演节目资料所得。

（四）初步形成非遗展品牌，成为弘扬、传播少数民族优秀传统文化的平台

目前，歌舞乐展演已经举办十届，在云南省广大群众中具有了一定的影响力，其本身已成为一个文化品牌。同时依托这一平台，锤炼出了一批赢得关注和占有市场的群众文化艺术节目，有的歌舞节目已经成为当地少数民族的群众文化品牌。如在云南省第六届民族民间歌舞乐展演中，前来观看的玉溪师院艺术学院教声乐的韩国教师金信惠表示，非常佩服歌手把民族唱法与美声唱法融合得如此巧妙，有很多值得其学习和借鉴的地方。

简言之，歌舞乐展演的重要作用及意义在于：在倡导对传统音乐、舞蹈音乐类非物质文化遗产进行保护的同时，也要做好文化遗产资源的合理利用，从而使遗产资源在保护的前提下得到合理开发和利用，在合理利用中得到进一步

的保护和弘扬；整理、创编少数民族有代表性的音乐、舞蹈作品，并以举办歌舞乐展演活动的形式呈现，对弘扬优秀民族文化无疑有着非常重要的导向、示范作用。

四、歌舞乐展演的几点思考

（一）编创过程中应将更多类别、名录项目纳入视野

非物质文化遗产保护类别涉及面广，包括濒危民族语言文字、民间文学、传统音乐、传统舞蹈、传统戏剧、曲艺、传统体育游艺与竞技、传统美术、传统技艺、民俗、传统文化保护区等。在云南省四级保护名录中，歌舞类约占40%，其他大部分非遗项目都不属于歌舞乐范畴，均不可能直接进入歌舞乐展演舞台。

而当前歌舞乐展演中，呈现的大多是以音乐、舞蹈类的非物质文化遗产项目，或与音乐、舞蹈关系密切的民俗类项目为基础提炼的作品。因此，在今后的歌舞乐展演中，应注重云南省四级非物质文化遗产名录项目的挖掘、整理和加工，可以以歌舞乐作品的形式创编提升成可呈现的艺术作品，丰富非物质文化遗产传承的传播内容；同时，戏剧、曲艺应纳入展演范畴[1]，甚至到合适的时间，展演名称可更改为云南省非物质文化遗产展演。

---

① 2018 年 1 月 15—19 日，云南省在昆明举办了云南省首届传统戏剧曲艺会演。

（二）坚守与变化

从探讨民族文化保护开始，之后变成非物质文化遗产概念，在谈到二者的保护上，一直存在两种观念：一种认为非遗保护即要保持非物质文化遗产的本真性，即原汁原味的保护；另一种认为非物质文化遗产亦是不断变化，不断地被修改、加工、完善和创新的。这两种观念不仅影响着保护工作的实践，也一直影响着历届歌舞乐编导会与州（市）编导的创编方向。如何在民族文化的本真性和艺术提升方面寻找和把握平衡点，亦是主办方寻求的展演导向。

这种平衡点，一方面承认非物质文化遗产的形式是变化的；另一方面必须承认非物质文化遗产有一个"质"的东西不变，即非物质文化遗产是"坚守与变化"的结合。同时，2017年云南省第十届民族民间歌舞乐展演，将参演节目分成传统类、创新类即是一个新的尝试。

因此，在歌舞乐作品的创编中，一方面，我们要坚持该作品是某个民族的文化表现形式，此为本质性的，不可动摇；另一方面，倡导在艺术呈现上的变化与创新，赋予其更顽强的生命活力，从而提升文化持有者的自豪感和文化自觉意识。

（三）呈现保护成果

非物质文化遗产保护与民族民间歌舞乐展演二者关系密切。非物质文化遗产保护应作为民族民间歌舞乐展演的出发点和目的。最初举办民族民间歌舞乐展演是响应中共云南省委于1996年首次提出建设"富有特色的民族文化大省"的目标，但发展至今，其最直接的目的是促进非物质文化遗产保护，是促进其传承、传播的重要方式。当前，云南的非物质文化遗产保护实践工作取得丰硕成果，如进校园等活动。在近两届的民族民间歌舞乐中，楚雄州禄丰县参演的彝族舞蹈《山寨课间》、昆明市的《小小昆明人》均是当地开展"非遗进校园"成果的展示。因此，在今后的民族民间歌舞乐展演中，应将更多的保护成果进行整理、创编并以作品形式呈现出来。

（四）注重传播方式，讲好云南故事

传播是民族文化与世界沟通、交流的重要途径。通过传播，"民族的，就是世界的"这一理念才能实现。因此，对地处边疆、民族地区的云南非物质文化遗产项目而言，需要搭建起对外宣传展示、文化交流的平台。原来更多依靠报纸、广播、电视、杂志等传统媒体进行宣传和报道，随着网络媒体和手机媒体等新媒体的发展，给非物质文化遗产的传播带来了新的体验，但这一过程中注重信息受众的悦目性，从而使年轻人成为传统文化的拥趸。因此，对民族音乐舞蹈而言，既要注重其自身的独特性，传达民族歌舞的精神美、文化美，同时更要重视民族歌舞乐传播的形式美，使民族民间歌舞在传播过程中更具观赏性，能吸引大众的注意力。

云南省坚持了十届民族民间歌舞乐展演，硕果累累。与此同时其也一直在探索更好的展演方式，以及如何更好地推进保护工作，弘扬民族优秀文化。贺光曙在其《民族民间歌舞乐展演路在何方》一文中提出，展演首先要遵循艺术创作规律，搞好节目策划、尊重民族民间习俗、突出民族特色；其次要注重原创性，坚持传承性，鼓励创新性。笔者认为，歌舞乐展演应依托丰富的文化遗产资源，继续以民间艺人为师，收集、整理、结合非物质文化遗产的保护实践，

创编出优秀的民族歌舞乐节目。同时，通过歌舞乐展演平台，又将"从民间来"的歌舞乐节目回馈至民间，丰富非物质文化遗产的传承、传播内容，促进非物质文化遗产的传承保护，弘扬民族优秀传统文化。

参考文献

［1］贺光曙. 民族民间歌舞乐展演路在何方，民族艺术研究，2014(2).

［2］杨德鋆. 原真乡土本色与绚烂艺术奇容——云南省第七届民族民间歌舞乐展演综论. 民族艺术研究，2011（1）.

［3］云南省文化厅. 云南省非物质文化遗产保护名录（第二卷）. 昆明：云南人民出版社，2012.

非物质文化遗产
活动传播案例

2017"中国非遗年度人物"揭晓活动侧记

● 张玉玲 *

2017"中国非遗年度人物"活动落下帷幕，10 位在非遗领域辛勤耕耘的代表人物脱颖而出、走到了前台，他们讲述着自己的非遗故事和人生感悟，分享了自己的非遗"缘分"和文化情怀。尽管揭晓活动已过去了，但其中的亮点和泪点仍让人回味，其中的智慧言语、精彩观点还余音绕梁，让我们再一起拾撷那些动人瞬间，细细品味、珍藏。

一、走入心灵，值得奉献一生的事业

2018 年 1 月 24 日，光明日报社大会议室，2017"中国非遗年度人物"揭晓活动现场，红色主色调简朴而热烈；暖场的非遗视频，座位周边的银饰、刺绣、雕版等非遗技艺展示，令会场内的文化味扑面而来。全国非遗界代表，群贤毕至，少长咸集。

"今年整整 90 岁了，荣幸地从'80 后'进入'90 后'了。"最年长的乌丙安教授作为第一位"非遗年度人物"，他快步登上舞台后，其幽默睿智的开扬，敏捷自如的行动，让在场的后辈都不禁为乌老的乐观和健康鼓掌喝彩。他谦逊地

* 张玉玲，光明日报社文化产业研究中心副主任、主任记者。

感言："荣誉应该属于大家，特别是传承人和传承人群，没有他们，就没有我的今天。"

"希望国家十几亿人都自觉地保护非遗，这是我一生的想法。把心思都放在非遗上，是责任和义务，更是本分，我自得其乐，非常开心，这也就是长寿的本钱。"乌老分享了非遗的心得，还顺便告诉大家长寿的秘诀，言谈举止中都是对非遗的热爱。"非遗不是表演，也不能游离于生活外，非遗就是生活，应该回到民间、社区与普通的老百姓息息相关。"60多年来，非遗已然成为他的生活，从"小乌"变为"老乌"，再变为"乌老"，不变的就是他这份对非遗的热爱和真挚。

像乌老一样，也似老顽童，也钟爱自己的事业，京剧国家级代表性传承人尚长荣眼神清亮、表情丰富，举手投足间都"有戏"。在表演艺术领域荣誉颇丰，尚长荣对"中国非遗年度人物"的荣誉却诚惶诚恐。"京剧艺术是中华民族340多个剧种中的一种，要传承好京剧艺术，需要一批有血性、有灵魂、品质好的戏剧人去传承。"尚长荣欣慰地说，国家艺术基金资助了尚长荣京剧表演艺术人才研习班，培养新人。尚长荣还回忆起他当年演《曹操与杨修》时的情景，他不仅精读剧本，还读《曹操文集》，看曹操颁发的政令、军令，吟诵曹操的《蒿里行》《观沧海》《龟虽寿》，最终才演活了有血有肉、有才有略，被"伟大"环绕，也被"阴谋"束缚的曹操。他希望年轻人也要爱一行、专研一行，不断提高自己的国学素养。

"我虽然坐轮椅，好像鸟儿的翅膀断了，但心要飞翔，继续非遗的新旅程，与大家一起创造时代的荣光。"浙江省文化厅非物质文化遗产处调研员王淼因为身体原因没有来到现场，他送来了一段视频。视频中，他面容清瘦，声音气息尚显不足，他努力用尽全身力气想把每个字说得斩钉截铁、铿锵有力。

　　"每一分钟都有民间艺术品种消亡，每一分钟都有民间艺人去世，呼唤非遗保护时不我待，刻不容缓。浙江率先实践，先行先试，干在实处，走在前列，取得不平凡的成绩。文化部两次在浙江召开全国非遗保护工作会议，推广浙江经验。浙江能够取得超常规的成绩，功归组织，功归大家。我作为非遗处长也尽力了。因为与时间赛跑，长期超负荷工作，2014年10月底我昏倒在会议室前，送医院抢救。我感觉是一辆老爷车一直在高速公路上奔驰，很拉风，有掌声，有欢呼声和叫好声，但突然发生故障，送进大修厂修理，发现机器完全组装不起来。我在重症监护室醒来，四肢不听使唤，医生说四肢瘫痪不要紧，可以人家帮助你做事，但是呼吸更重要，有氧气吸不进去，会危及生命。我三年来辗转多家医院，在北京也治疗7个多月，发现好不了了。余下的人生怎么办？我不能躲在医院里整天看电视、看天花板；我的人生进入倒计时，时日无多，我要抓住生命的尾巴，再做些有价值、有意义的事情，我决定边康复边工作。"

这些肺腑之言，这些对生命的呼唤，令现场参会者闻之动容，纷纷都流下了感动的热泪，大家为王淼先生坚韧的生命力、对非遗事业的忠诚和热爱而由衷鼓掌，希望为他加油，为他带去敬意、鼓励和力量。中国社会科学院荣誉学部委员、文化部非物质文化遗产专家委员会副主任刘魁立动情地说，王淼代表了所有参与非遗保护的人，他们愿意为弘扬中华传统文化、为振兴中华民族贡献自己的力量，这是非常了不起的"志愿者精神"，"志"是伟大的目标与初心，"愿"是要记住初心，努力工作，鞠躬尽瘁！

"举办'中国非遗年度人物'推选活动，目的就是要关注默默奉献、辛勤坚守的非遗保护人士，发挥榜样的力量，鼓励更多的人加入非遗保护工作中来。"光明日报社副总编辑陆先高在致辞中说。《光明日报》作为以思想文化为特色的中央党报、光明网作为中央重点新闻网站，始终坚持文化担当和文化责任，要努力把"中国非遗年度人物"推选活动培育成为凝聚中国非遗人的年度盛事，成为能产生巨大公信力和影响力的品牌活动。

二、走向国际，让中国文化与世界对话

"飞针走线、上下腾飞，她手里绣出的是一片壮丽山河；花团锦簇、绿柳成烟，她心中编织着的是一幅盛世江南。"苏绣国家级代表性传承人姚建萍身着一袭旗袍款款登台，秀出苏州绣娘特有的温婉与柔美。作为2017"中国非遗年度人物"，姚建萍2017年最自豪的事是为国际奥委会博物馆制作国礼。国礼要求既是能代表民族和国家特色的艺术品，其题材内容又要与体育相关。经过反复创意，最终绣品选取明代画家绘的侍女蹴鞠图作为创作内容，表现出中国女性早已开始蹴鞠运动，也与今天足球相关。姚建萍欣喜地说："能用手中的针线绣制国礼，传达给世界，觉得特别自豪和荣耀。"

像姚建萍一样，2017"中国非遗年度人物"钟连盛也同样让中国非遗与世界对话。作为国家级非物质文化遗产景泰蓝制作技艺代表性传承人，钟连盛经过近40年的潜心专研，让这门号称"一件景泰蓝、十箱官窑器"的中国传统技艺在他手里进一步发扬光大。2017年，美国总统特朗普访华和"一带一路"国际合作高峰论坛等一系列重要国事活动中，钟连盛以精湛的技术表演向国际宾朋展示了独特的景泰蓝技艺和中国非遗人的工匠精神。

"吞吐运气，导引纳息，他让古老神秘的《易筋经》成为万千百姓的健康福音，用医者仁心的言传身教造福国门内外，传播大洋五洲。"中医诊疗法（古本《易筋经》十二势导引法）市级代表性传承人严蔚冰适应现代人身心锻炼需要，以防、治、养于一体的中医导引法，通过伸筋拔骨、吐故纳新、守中和合，达到强筋壮骨、

固摄精气、濡养脏腑、涵养心性的效果。他坚信："中医必会走向世界,《易筋经》作为中医导引经典,可为人类健康造福。"

她在中国非遗保护和联合国教科文组织之间架起了一座桥梁,中国社会科学院民族文学研究所研究员巴莫曲布嫫因此荣获 2017 "中国非遗年度人物"。她回顾,从 2007 年开始参加联合国教科文组织《保护非物质文化遗产公约》框架下的法定会议,一路走来,到 2017 年,整整十年了。"参加了很多联合国教科文组织的会议,我的工作任务就是把我们国家的非遗项目向联合国教科文组织申报。"她印象最深刻的是,我国的"二十四节气"列入联合国教科文组织人类非物质文化遗产代表作名录。二十四节气很有特殊性,时间上贯穿于一年四季,空间上覆盖中华大地,乃至海外华人社区。"二十四节气向世界展现了中国尊重自然、追求人与自然和谐的理念,同时每隔 15 天一个节点也不断提醒每一个中华儿女都应该记住和尊重非遗项目。"巴莫曲布嫫如是说。

三、走进时代:见人、见物、见生活

"秉承家传八代绝技,播散五湖四海传人,他用琳琅满目的苗族银饰演绎着脱贫致富的华章,筑起民族富裕的丰碑。"国家级非物质文化遗产苗族银饰锻造技艺的传承人吴水根因此双喜临门:成为党的十九大代表,又获得 2017 "中国非遗年度人物"。"一个人富,不算富,要带领全村人一起致富",在 30 多年的制银生涯中,吴水根打破了"自家技艺绝不外传""打银传男不传女"的祖训,大胆招徒，开枝散叶，让更多村民通过银饰加工制作实现致富。

"高山觅流水，他让千年的古琴在今天遇到了民族传承的知音；阳春笑白雪，他用七弦弹奏出古琴欣欣向荣的春天。"古琴艺术国家级代表性传承人丁承运获得了 2017 "中国非遗年度人物"。在现场弹奏一曲后，他说，"以前知音难寻，今天在座都是非遗保护的资深专家、组织者、领导者、推动者和守护者，还有很多非遗传承人，都是非遗保护的知音"。古琴自古就备受中国文人雅士的青睐，承载了中华民族传统文化精神，比如道法自然、天人合一、修身理性、乐教等。丁承运希望，除了传承古琴技艺，这些文化精神，也要传递给后继的人，让他们对中华民族的优秀文化有敬畏之心。

"山西人吃醋而不知醋。不了解醋的营养成分，也不了解醋的文化。"老陈醋酿制技艺（美和居老陈醋酿制技艺）国家级代表性传承人郭俊陆致力于改变这种状况，一方面传承和保留原汁原味山西老陈醋原料、工艺、味道和营养成分；另一方面不断创新非遗保护模式，将山西老醋特色文化与旅游文化相结合，创建全国调味品行业首个非遗醋文化宣传园——"东湖醋园"，并创建以展示推广非遗文化为主、集吃住游购娱为一体的"老西醋博园"，让游客品尝醋茶、醋点心，体验制醋全过程。当选 2017 "中国非遗年度人物"，郭俊陆更感受到了责任。他说，民以食为天，在"吃"的方面弘扬非遗文化，必须得有诚信，用真材实料；必须得安全，工艺和流程保证健康，他以一副对联自勉："尊天规做人正和，守地法做事勤慧"。

"满足人民过上美好生活的新期待，为中华文化增色，为美好生活添彩，需要更高水平的非物质文化遗产传承。"文化部非遗司副司长王晨阳在致辞中说。

党的十九大报告指出,满足人民过上美好生活的新期待,必须提供丰富的精神食粮。深入挖掘中华优秀传统文化蕴含的思想观念、人文精神、道德规范,结合时代要求继承创新,让中华文化展现出永久魅力和时代风采。非遗保护是"功在当代,利在千秋"的事业,要更加重视非遗传播工作,动员全社会力量参与到非遗保护传承工作中。

在2017"中国非遗年度人物"揭晓活动现场,安排了中国满绣、徐州香包、华县皮影、景泰蓝铜胎掐丝珐琅、苗族银饰锻制技艺、雕版印刷、北京毛猴、北京剪纸、《易筋经》的非遗体验,尤其是来自云南边陲的腾冲皮影表演。刘永周、刘安奎、刘朝侃一家的皮影表演技艺已传承六代了,这次是三代人同台表演,让大家看到了非遗传承在民间生生不息的旺盛生命力。

除了非遗的现场体验,主办方为了全方位展现非遗,让非遗"活"在当下,可谓用心良苦:特邀江苏省非物质文化遗产代表性传承人、中国当代雕版活字专业写样师芮名扬题写下遒劲有力的"中国非遗年度人物"八个大字;邀请钧瓷河南省工艺美术大师孙军制作"飞天"作为奖杯,在传统的钧瓷技艺中创新性地融入敦煌飞天的灵感造型,既传承又发展,是传统与现代完美融合的艺术品;而"中国非遗年度人物"的证书,是由20名绣娘花6天时间手绣完成的。中国满绣第五代传人刘思彤说,一针一线中,留下了满绣800年的文化基因,也代表着对"中国非遗年度人物"的致敬。这次绣证书的创意,还表明刺绣不仅仅是绣画和绣在服装上,也可以绣在任何眼睛能够看到的地方,可以拓展为多种呈现方式,让满绣"活"起来。

　　"每个人都从自身做起，都是传承人，也都是实践者。"巴莫曲布嫫深有体会地说，联合国教科文公约框架下，提出"多元行动方"的概念，以社区为中心，以传承人和实践者为桥梁，号召全社会共同保护人类非物质文化遗产。我们国内现在提出的非遗"见人、见物、见生活"，也是要求从生活中的一点一滴做起，才能把非物质文化遗产传承下去。

体验·乐享——广州非遗的活化实践

●董 帅[*]

为更好地保护和弘扬非遗，为民众提供丰富的精神食粮，近年来，广州市非遗保护中心面向公众开设了一系列的非遗体验活动，包括非遗体验课、非遗体验游、广州非遗开放日等活动，积极践行着活化与共享的非遗保护理念。

一、广州"周末非遗课堂"

2015 年以来，广州市非遗保护中心策划组织非遗单次体验课——周末非遗课堂。该活动主要设于周末，约每两周举办一场，每场时长约一个半小时，迄今已举办 60 余场。活动内容已全面涵盖非遗十大门类，如广绣、广彩、扒龙舟、客家山歌、粤语讲古、岭南古琴艺术、陈李济中药文化、广式月饼制作技艺等体验课；活动对象则涵盖从六七岁的儿童到中老年人的各年龄阶段，分为亲子体验课和成人体验课等不同类型。通过这些体验课的策划和开发，活化了 50 余个广州非遗项目。

"周末非遗课堂"具有互动性、创意性、公益性和社会化的特色。互动性，即与传统的讲座或技艺演示不同，重在传承人与公众的互动体验。为保障互动效果，

* 董帅，广州市非物质文化遗产保护中心工作人员。

每堂课均为招收 10 ~ 30 位学员的小型课；创意性，即每堂课都有新的策划点，比如乞巧亲子体验课上，除了制作乞巧手工，还设置小品《拜七姐》、乞巧文化小主讲、穿针比赛等让孩子们自主发挥的环节，充分领悟巧手慧心的乞巧文化内涵；公益性，即不收体验费，只收必要的材料费，让更多人均等化享受非遗保护成果；社会化，即每场活动都注重与不同的社会单位合作，如广州地铁集团有限公司、广州少年儿童图书馆、广州图书馆等都是活动的常态合作伙伴，从而扩大了广州非遗的传播度。

二、"非遗课来了"

2018 年，在单次体验课"周末非遗课堂"和非遗培训班"非遗学堂"开展多年的基础上，广州市非遗保护中心启动了"非遗课来了——广州非遗优秀课程征集和推广"主题活动。2018 年上半年，中心面向传承人群和社会单位，对各类优秀课程进行了前期征集，并于 6 月实施推广。在为期一个月的推广中，广州灰塑体验课、洪拳体验课、龙舟文化体验课、广绣公开课、广东醒狮公开课、岭南古琴艺术公开课、广州非遗通识课等 20 多堂优秀课程在广州各大公共文化空间举办，受到广大民众的喜爱。通过"非遗课来了"活动，形成了一批精品课程，扩大了非遗课的影响，促进了更多人共享非遗，充分满足了广州市民对于非遗的探索热情和认知需求。

三、广州非遗体验游

为了让民众深度体验地域性的非遗风采，一日之内感受更多非遗魅力，广州市非遗保护中心在 2017 年、2018 年两年，共组织了 8 期主题各异的广州非遗体验游，包括地铁非遗游、沙湾古镇非遗游、西关非遗文青游、西关非遗亲子游、西关十三行非遗体验游、海珠区琴心之旅、黄埔非遗体验游和南沙东涌水上居民非遗游。已开发的这些广州非遗体验游，均为一日游路线，每条路线上下午各有 1～2 个非遗点可以观摩、体验，午餐也设置了饮食类非遗的体验。比如沙湾古镇非遗游，上午先观摩广州砖雕工作室，中午体验制作并品尝沙湾水牛奶小食，下午则至沙湾古镇寻觅广东音乐发源地，欣赏广东音乐和粤曲表演。

广州非遗体验游作为非遗体验活动的一类，为非遗传播带来新气象：一是在体验游的过程中，将非遗点与相关的文化遗产、自然景观串成一条线，使人深刻体会一个地域的文化特色；二是每次体验游一般包含传统工艺美术、传统饮食和传统表演艺术等几种类型的活动，让人从味觉、触觉、听觉、视觉等多方面对非遗进行"沉浸式"的体验。

四、广州非遗开放日

广州非遗开放日，旨在激活传承人群的文化自觉，充分发挥其主观能动性，让其自主开放传承场所，在阵地上为民众带来多彩非遗的享受。2017 年、2018 年，广州市非遗保护中心连续两年度在文化和自然遗产日期间集中举办广州非遗开放日。其中，2018 年 6 月 1—10 日，各类传承人工作室、展览厅、民俗古迹点、乐社、武馆、医馆等 50 多个非遗点向市民敞开大门，举办体验课、培训班、讲座、展览、演出、义诊、知识问答、产品选购等丰富多彩的非遗活动，民众选择感兴趣的非遗点，在预约报名成功后前往体验。

为了推动广州非遗开放日的民众共享，广州市非遗保护中心还发起了开放日志愿者招募令、体验游线路征集令，并制作了一套开放日非遗地图，让民众以志愿者、策划者、传播者的身份参与到广州非遗开放日活动中。

重大公共活动中的非遗传播——2018 年上合峰会的青岛样本

● 戴玉婷　王睿璇[*]

在当代中国语境下，非物质文化遗产的传承与发展离不开有效的传播工作。中国传媒大学经管学部学部长、文化和旅游部文化产业专家委员会主任范周认为，传承和保护好非物质文化遗产，既需要保护凝聚着前人智慧的古老工艺、技艺，更需要拓宽传播渠道，提升传播效果。[1]而重大公共活动是经过策划、组织、管理、

*　戴玉婷，青岛市文化馆（青岛市非物质文化遗产保护中心）研究员、非遗保护工作人员；

王睿璇，青岛市文化馆（青岛市非物质文化遗产保护中心）研究员、青岛市文化馆非遗保护部主任。

① 范周：《非遗传播要有温度有质感》，《人民日报》2018 年 8 月 23 日 第 7 版。

大众参与且能带来持续影响的活动①，能在短时间内形成关注度高、影响力强的聚媒效应。在重大公共活动期间做好非遗传播工作，既是对中国文化软实力的展示与提升，也是对非遗传承传播工作一次强有力的促进。本文将对上合峰会期间的青岛非遗传播工作进行梳理和审视。

一、重大公共活动是非遗传播的重要契机

（一）重大公共活动的定义

"活动"一词在《现代汉语词典》第五版中的解释为"由共同目的联合起来并完成一定社会职能的动作的总和。而重大公共活动可以定义为在城市中发生的，对特定的城市产生重大影响的事件"。②在国外的相关研究中，对重大公共活动的定义是能够为东道国创造高层次的旅游、媒体报道、声望，或经济影响的活动。③国际旅游科学专家协会则从参观人数、投资金额、知名度等方面给出了量化标准。重大公共活动的种类繁多，涉及的领域也很广泛，按照内容的不同可以简单分为经济、政治、文化、体育、综合等几大类。涉及本文探讨范畴的青岛市近年来举办的重大公共活动，则有2018年上合青岛峰会、2014年世界园艺博览会等。这些事件在本地区、国内乃至国际范围内产生了广泛影响，在短时间内调集了城市的各方面力量，并对区域内的政治经济文化等领域在相当程度上产生了持续影响。

---

① 李秀丽：《重大节事活动中政务微信传播力研究》，载《决策探索》，2016（6）（下）。
② 万珊：《重大活动下的城市形象网络传播个案研究》，杭州，浙江大学出版社，2011。
③ 张锐、张众：《城市品牌——理论、方法与实践》，北京，中国经济出版社，2007。

（二）重大公共活动需要非物质文化遗产的参与

文化是一个民族的"DNA"，决定着民族的精神与理念。在全世界范围内，文化冲突与文化共生构成了人类文明的演进史。文化与经济、科技等领域交融共进，在全球的综合国力竞争中占据了愈加重要的地位。可以说，文化已渗透到民族和国家的各个细胞，国家或地区间任何领域的交流合作都无一例外地包含着文化的元素。非物质文化遗产作为文化 DNA 的重要片段，具有鲜明的民族性和地域性特征。每一项非物质文化遗产都是在历年来的重大公共活动中得到了不同形式的展示和利用。随着非物质文化遗产保护工作的推进，在对外文化交流体系中，非遗越来越得到重视，成为了文化"软实力""巧实力"的重要展示部分。

在近年来的重大公共活动中，展示文化的多样性与包容性，形成彼此交流与借鉴的文化氛围，已经成为一项必选内容。其目的是通过跨文化的交流与传播，把文化的差异性当作互鉴共荣的资源，促进国家和参与人员之间更加融洽、顺畅的交流与合作，从而使之成为政治、经贸、军事、社会等各领域交流与合作的润滑剂、催化剂。例如，上海合作组织是经我国倡议而成立的国际合作组织，本身既面临着全方位开放机遇、周边外交机遇、地区合作机遇，也面临着地缘风险、安全风险、经济风险、法律风险，既要依托现有的体制性合作以及未来可能发展出的新的机制性合作，同时也要依赖和借助众多非机制性的交流来维护和稳固该组织。文化的交流和传播，可以在会议期间有效彰显出我国的文化软实力，加强沟通和交流，从而成为会议的重要辅助事项。

（三）参与重大公共活动对非遗传播有着重要推进作用

重大公共活动往往是综合性事件，涉及物质、精神、社会等多种元素，其本身就是新闻事件，能够吸引众多媒体的关注报道，同时受到主流媒体的关照，从而为有关讯息的传播起到聚媒效应。在重大公共活动举办期间，通过完善传播规划甄选传播内容、拓展传播渠道、改进传播方式，能够收到平时数倍的传播效果。

长期以来，我们对非物质文化遗产的保护更注重传承，但实际上非遗的传播更有助于维护非遗生存发展的社会环境。在北京大学社会学人类学研究教授高丙中看来，"传播和传承一起，成为推动非遗工作的两个轮子。传播是非遗保护的基本方法和重要举措，广泛的非遗传播能为非遗保护带来持续影响力"。因此，在重大公共活动期间，借助聚媒效应充分展示非物质文化遗产，也是保护工作的应有之义。让传统非遗在重大公共活动发光发热的同时，重大公共活动为非遗打开了"窗口期"，可以使部分非遗项目获得更高的曝光率、知晓度，让更多的民众打开非遗的认知通道，从而获得最大的传播效果。对于非遗项目保护单位和非遗传承人，也可以形成自我认同的重构与提升。

二、重大公共活动时期的非遗传播：2018 年上合峰会的青岛样本

2018 年 6 月 9—10 日，上海合作组织成员国元首理事会第十八次会议在青岛举行。由于这是青岛历史上承接的最高级别的国际会议，故在会议前后和会议期间，

青岛市各级政府、非政府组织、企业、媒体和社会公众都积极借力这一空前的国际盛会，短时间内为各类信息的传播提供了高效率的门户。非遗保护工作是如何参与这一过程的，正是本文所关注与研究的对象。

（一）非遗参与上合峰会的传播方式

上合峰会期间，非物质文化遗产主要从以下几个方面参与了上合峰会：

1. 官方主办的非遗主体传播

官方主办的非遗展示地点主要集中在两个地点：一是位于青岛市艺术博物馆的齐风鲁韵展，主要为上合峰会期间的中外参会人员提供参观服务。参展项目以体现中华文化传统、代表山东省和青岛市优秀传统文化以及传统制作技艺水平的

精品项目为主。在展览方式上，采取产品展示、传承人现场演示及新媒体展示相结合的方式；在视觉设计上，以代表中国和山东传统文化的古典元素为主基线。二是上合青岛峰会新闻中心的非遗文化展区，为境内外媒体注册记者提供服务。此处选择了互动性较强的非遗项目如剪纸、剪影、曹州面人等，向中外记者展示中华传统文化的独特魅力。同时，并配有琴箫合奏、琵琶独奏、古筝齐奏等传统音乐类项目进行展示。非遗保护单位的精心安排使本届峰会新闻中心成为向各国媒体记者零距离展示中国非物质文化遗产的舞台，使得有关非遗项目得到了最大范围的传播。据不完全统计，上合峰会期间，两处非遗主阵地接待国内外媒体 100 多家。

2．官方主办活动和场地中，有非遗元素的展示，客观上推动非遗传播效应

如上合峰会主会场——泰山厅内展 37 幅木雕作品，是主办方邀请东阳木雕代表性传承人为峰会特别创作。在上合晚会"齐风鲁韵"中，作为最能代表民族气质和齐鲁风韵的非遗项目，也在主体节目和诸多细节中，融入了晚会的各个方面，如非遗秧歌、潍坊风筝等非遗元素。

3．前峰会时期、后峰会时期的非遗传播

值得注意的是，在峰会结束的相当长一段时期内，随着报道深度的增加，对于非遗的传播影响仍在持续，参与峰会的各类非遗项目和传承人，都得到了充分的媒体宣传和报道。同时，峰会来临的预热和后续国际文化活动持续开展，在相当长的一段时期内，非遗都成为媒体关注的重点对象。

4．"蹭热点"式的自发传播

借助上合峰会的非遗传播东风，诸多没有直接参与上合峰会的非遗传承人也选择在这个新闻传播的风口亮出自己：他们创作了与上合峰会主题有关的作品，并通过省、市、县三级媒体进行宣传。纸媒和网媒中，类似于"青岛民间艺术家喜迎上合"等有关信息层出不穷。可以说重大公共活动创造了机会，让部分传播嗅觉比较敏感的非遗传承人在大众媒体上频繁亮相，拓展其影响力。

（二）文化主管部门对非遗的传播

在上合峰会期间，文化主管部门把活动服务与非遗传播工作充分结合起来，并遵循非遗保护理念，始终把非遗保护和非遗传播放在首位，采取的主要做法有：

1．充分尊重非遗项目的主体地位，开展前瞻性、系统性的项目论证

为了做好峰会期间非遗项目的展示传播工作，召集了5次工作推进会，邀请有关专家反复磋磨展览方案；同专家一起，在一周时间内日夜兼程跑遍山东各地市，与传承人接触交谈，论证非遗项目展示的合理性与整体性；创造性地将非遗元素融入展示空间，形成了元素丰富、富有韵味的文化空间。

2．确保非遗项目、非遗传承人和非遗保护理念的共同传播

为了呈现活态传承，让非遗在传播过程中真正使参观者感受非遗的魅力，新闻中心和齐风鲁韵展均特别设置了传统手工艺项目传承人现场展示、传统音乐舞蹈类项目展演等环节，由各级项目代表性传承人亲自与参观者互动，在展示技艺的同时，宣传非遗保护理念，移植"各美其美，美人之美，美美与共，天下大同"作为传播理念，使得非遗项目更好地被理解和解读。

3．充分利用峰会期间遗留的优质资源。面向市民进行展出，使得非遗传播得以最大化呈现

齐风鲁韵展在后峰会时期，每天接待1 000名以上的参观市民，共计展出两个月，并保留了传承人与参观者互动的环节，提供了最佳的感受非遗的平台。

4．注重非遗传播的温度和质感，真正实现非遗"看得见""带得走""学得来"

在齐风鲁韵展和新闻中心非遗展示区，运用多种现代数字技术和传承人现场展示相结合的形式，将非物质文化遗产以活态展现出来，使之成为触手可及的文化产品的同时，还为参观者准备了具有文化特色的"伴手礼"和商品，为传承人提供讲述传承故事的平台，允许现场教学和传承宣传，在聚媒效应下，为非遗传播提供了最佳平台。

三、重大公共活动期间非遗传播的效能评估

在上合峰会前后，非遗信息的传播量呈现了"山峰式"的走势，但峰会结束后其效果仍在逐步延伸至非遗保护工作的各方面。当我们评估本次信息传播事件给非物质文化遗产保护工作带来的影响时，应当设计一系列的量化指标，从而准确获知传播成效，并为下一阶段的工作进行指导。但受到数据统计来源局限的影响，本文仅以 2018 年 5—7 月期间峰会前后新闻报道的统计与 2016 年、2017 年的同期进行对比[①]，以求一窥重大公共活动给非遗传播带来的影响：

（1）发布媒体等级的大幅提升。2016 年、2017 年，宣传集中在《青岛日报》、青岛电视台等市级媒体和区县级媒体。而 2018 年受到了峰会的影响，中央人民广播电台、《文汇报》（中国香港）、人民网、《工人日报》《大众日报》等国内一线媒体，均密切关注上合峰会期间的非遗元素，并给予了非遗专项报道。

（2）宣发量大幅提升。根据报刊发行量和网上点击数保守统计，各类有关非遗的总阅读量将达到千万级别，为 2016 年、2017 年的百倍之多，这是青岛非遗保护工作从未达到的传播体量。

（3）直接受益人数大幅上升。2016 年、2017 年自然和文化遗产日期间，展览和展演活动的直接参与人数为 5 000~10 000 人次，而仅在峰会后的齐风鲁韵展览开放中，通过微信平台预约和现场登记的参观人数为 85 132 人。

（4）参加展出展览的非遗项目和传承人得到了更加强烈的社会反响。根据对传承人的走访，相对文化和自然遗产日的活动，项目保护单位和传承人普遍反馈

[①] 文化和自然遗产日源自文化遗产日，是每年 6 月的第二个星期六，为中国文化建设重要主题日之一。此日期与 2018 年上合青岛峰会重合。因此，传统上遗产日前后为本年度非遗活动及非遗传播的高潮，对比意义更为明显。

在传承和传播方面，得到了更多的关注和正面反馈。可以肯定地说，在重大公共活动期间，借助聚媒效应，青岛区域的非遗传播无论在规模、等级、效力上都达到了前所未有的高度。但同时，我们也必须看到，在本次信息传播中，非遗保护行政机构运用的传媒手段相对传统而生硬，仍然有很多传播盲区，特别是在对外传播中，没能取得满意的效果。"对外传播一般分为直接传播和间接传播。直接传播是指中国通过本国的媒体对外传播，以目标国家的受众为目标群体所进行的信息传播；间接传播则指能够对直接传播起到补充或真正落地入户的媒体，主要指海外华文传播和西方主流媒体传播。"①根据本文对参会国几大主流媒体的关注，并未见到相关报道，未能实现真正落地入户的当地媒体的间接传播，从而实现跨文化的影响力，这是下一步需要在重大公共活动中审视探讨的内容。

---

① 程曼丽：《对外传播及其效果研究》，北京，北京大学出版社，2011。

非物质文化遗产
新媒体传播案例

在互联网空间形成关注非遗、重视非遗、传承非遗的浓烈氛围，探索在网络媒体构建传播的新矩阵。

把握移动互联网时代的内容传播规律，弘扬中华优秀传统文化。

随着移动终端普及和网络提速，短视频改变了人们传统的阅读习惯。

构建网络文化传播新矩阵　引领网友参与新传承

● 刘尚君 *

非物质文化遗产既是历史发展的见证，又是重要的文化资源，正确认识非遗、正确有效地保护、传承、发展非遗，对于弘扬中华优秀传统文化、构建社会主义核心价值体系、促进中华民族伟大复兴有着重要意义。青年是网民主体，既是清朗网络空间的建设者，也是优秀网络文化的生产者和传播者。2017 年，国家互联网信息办公室网络新闻信息传播局启动"文脉颂中华"非物质文化遗产新媒体传播示范项目。项目开展一年多以来，

图 1　"贯彻十九大·文脉颂中华"非物质文化遗产新媒体传播项目网络专题

* 刘尚君，中国青年网记者。

在国家互联网信息办公室网络新闻信息传播局、文化和旅游部非物质文化遗产司的共同指导下，中国青年网着重发挥青年生力军作用，以"产品打造＋多端分发"为抓手，以"重创意＋强互动"为方向，通过广泛动员青年参与策划生产，推出了符合广大网友阅读偏好和移动化趋势的短视频、H5、VR、沙画、直播、数据图表、微端话题矩阵等系列的"正能量爆款"内容及活动赛事，使保护和传承非遗的主流价值观走入青年心中，引导青少年群体提振文化自信，在互联网空间形成关注非遗、重视非遗、传承非遗的浓烈氛围，探索出网络媒体构建传播新矩阵、引领网友参与非遗传承的创新实践之路。

一、打造爆款 H5，开启朋友圈自主传播

当今，移动互联网风生水起，以 H5 新技术为代表的媒体融合产品在新闻报道领域中得到广泛应用。基于让传统文化"活"在当代的初衷与构想，我们创新制作了包括答题互动、小游戏、情景动画等形式在内的系列非遗主题 H5 产品，以提升网友参与传播传承非遗的积极性。

2018 年 11 月，藏医药浴法——中国藏族有关生命健康和疾病防治的知识和实践正式列入联合国人类非物质文化遗产代表作名录。中国青年网同步制作推出了《这项来自雪域高原的"世界级非遗"，你了解么》互动答题 H5 产品。网友在西域风光的页面场景中进行趣味性的问答游戏体验，了解藏医药浴法的历史根脉、制作技艺等非遗知识，形成对该项非遗差异化的传播报道。

当"10 万＋"被看作阅读量的代名词，如何生产出更易被网友分享传播的流

量爆款，成为新媒体时代非遗传播工作需要不断探究的方向。

把握好移动互联网时代的内容传播规律，我们选择与人们生活息息相关的中国传统节日作为活跃用户的常规主题报道。例如，七夕节前推出快闪 H5《2018 七夕旅游指南——你身边的"非遗"专家 Cue 你》，产品以节奏感较强的文字快闪引入，向大众推介包括西和乞巧、石塘小人节习俗等在内的 7 个国家级非遗项目及当地的民俗体验，邀请网友留言许下七夕心愿，分享朋友圈为网友生成个性化的七夕愿望链接。参与、留言、分享、邀请，H5 交互性的技术手段让中国传统节日的文化习俗与精神内涵在社交平台转起来。

端午节期间推出的《放"粽"诗情，这里有一封诗词大会的邀请函》，将 H5 和深受年轻人喜爱的"弹幕"结合，网友写下端午佳节诗词佳句，分享链接向好友发出"诗词大会"邀请函，形成了刷屏传播态势。

二、沙画惊艳再现，匠心打磨短视频"爆款"

随着移动终端普及和网络提速，短、平、快的大流量传播内容逐渐获得各大平台、粉丝的青睐，短视频改变了人们传统的阅读习惯，成为人们碎片化阅读的重要载体。

2018 年春节期间，中国青年网打造创意沙画视频《非遗看中国》，通过变化神奇的手法，展现了昆曲、狮舞、苏绣、古建筑技艺、春节等中华非遗的震撼之美，凸显了非遗的人文底蕴和时代传承。丰富的视觉盛宴，让网友轻松获得感官体验的满足。紧跟春晚热点，中国青年网依托各大分发端口以"春晚的国宝不过瘾·

再看看沙画里的中国非遗"为题同步推出视频图文报道，百余家媒体转载，共青团中央等微博大 V 转发起到二次传播效果，秒拍视频播放量达 627 万次，各平台总播放量突破 1 000 万次。

中国青年网联合专业团队历时数月，实地走访福建、山西、贵州、湖北，拍摄了《说起福建，这些老工艺、老传统有多少人知道》《只知道山西老陈醋？那你对山西了解得还不够》等浓缩地域文化特色的系列短视频作品《最＋非遗》。

图 2　沙画短视频《非遗看中国》，扫码观看吧！

文化类短视频的内容策划多以"小切口"见长，以人物为主线，在本次拍摄过程中邀请了来自山西老陈醋、广誉远中药、平遥漆器，福建茉莉花茶、寿山石雕、惠和影雕等非物质文化遗产项目的传承人和"草根"手艺人，他们从幕后走到台前，真实再现中华传统文化技艺精髓，讲述传承中华传统文化背后的故事与初心，以情动人、以文化人，彰显中华文化守护者坚守、继承、创新的文化精神。

此外，随性化、低成本也成为网络短视频制作的趋势。巧妙利用素材制作的《闻名中外的小城非遗牛肉馍》《独臂苗族姑娘 18 年传承蜡染》短视频，着重对现有的视频素材进行整合剪辑、创新包装，微博阅读量均超过 300 万次，传播效果上佳。

三、线上线下结合，VR 令非遗"沉浸"校园

2017 年，中共中央办公厅、国务院办公厅印发《关于实施中华优秀传统文化传承发展工程的意见》，提出不断赋予中华优秀传统文化新的时代内容和现代表达形式，丰富拓展校园文化，推进戏曲、书法、高雅艺术、传统体育等进校园的要求。

2018 年 3 月，面向全国青少年的"贯彻十九大·文脉颂中华"全国青少年 VR 短视频大赛正式启动，这是首次以 VR 技术的表现形式开展的文创产品征集活动。大赛启动以来，得到了全国大中专院校的高度重视和积极参与，影响力覆盖全国 31 个省、自治区、直辖市，近 140 所大中专院校报名参赛，参赛团队应用新技术、关注多角度，拍摄制作了 130 多部 VR 应用短视频、VR 全景短视频和普通

短视频作品，有力推动了 VR 技术与传统文化内容深度融合的真正落地。

散落在民间的非遗珍宝在青年手中妙趣横生。仅通过 VR 手柄的操控，便可在虚拟的真实场景中体验小游戏——福建福清非遗光饼的制作过程，全面了解光饼的历史文化及制作工艺。富田遗址是磁州窑现存最大的遗址，通过 VR 全景视频技术、三维数字还原技术，经后期缝合、补洞、校色等，使人身临其境见证最真实的磁州窑遗址现状。VR 作品《潍坊剪纸艺术》则运用三维动画的技术，营造了一个剪纸世界，体验者可沉浸在剪纸世界中观看神奇的技艺幻化。作品《设计

构图的 VR 体验》以国画布局为理论依据，以传统的水墨风格进行场景开发，体验者可在漫游场景中自由游览、赏析名师作品、拍照采风，在互动环节，可切换至构图训练关卡，运用国画构图的手法在画框内自由创作。

此次大赛的作品内容涵盖历史文化古迹、非遗项目展示、传统技艺还原、传承人故事、创新传承方式、校园精神文明建设等多个方面，创新地展现了非遗等中华优秀传统文化的生命力。

四、占领话题"阵地"，互动讨论突破亿级

微博是网友参与表达的主要阵地。中国青年网主持开设"文脉颂中华""非遗看中国"两大微博话题，主动设置议题，全力进行微博话题、微博"新鲜事"内容广场的运营，通过头条文章、九宫格图片、短视频等形式，多角度创新呈现非物质文化遗产。

2018 年古装大剧《延禧攻略》热播，中国青年网紧跟社会热点进行微博话题"热点营销"，《富察皇后的头饰送给你！他 46 年传承千年技艺今成"网红"》等微文对剧中展示的优秀传统文化进行深入挖掘和传播，吸引广大网友和剧迷进行观看和讨论。

在日常话题运营中，"主题征集 + 互动留言"的线上主题征集活动成为网友喜闻乐见的参与方式。如"为'非遗'写情诗"三行情诗网络征集活动，话题阅读量逾 65 万次，点赞超 5 600 次，相关微文《紧张！今晚我要去表白了，求大家帮我写首情诗》亦获得网友热烈回应。截至目前，话题阅读量已突破一个亿，在互联网上唱响了非遗传播好声音。

致·非遗 敬·匠心：助推优秀传统文化创新传播

● 车静雯　靳铃涵[*]

　　为落实习近平在十九大报告中提出的"坚定文化自信"讲话精神，落实2017年年初中共中央办公厅、国务院办公厅《关于实施中华优秀传统文化传承发展工程的意见》，积极传播中华优秀传统文化，创新非遗保护手段，提高并引导全社会尤其是年轻人对非物质文化遗产的关注，光明网以此为契机，把握移动互联网传播规律，利用内容选题、技术制作等传统优势，充分调动多年来扎根文化领域所积累的优质资源。2017—2018年，在斗鱼、咪咕等直播平台上开展"致·非遗　敬·匠心"非物质文化遗产系列直播百余场，涵盖民间文学、传统音乐、传统戏剧、传统体育、游艺与杂技、传统美术、传统技艺、传统医药、民俗等类别。直播结束后，为了满足不同用户的不同信息接收需求并制作相关传播产品，光明网综合利用移动直播、视频短片、纪录片等媒体手段，全方位、立体式地呈现非遗项目蕴含的文化内涵与精神价值。

　　2017—2018年，光明网非遗项目团队走进北京、天津、上海、山东、江苏、浙江、湖北、安徽、福建、广东、云南、陕西、西藏等26个省、自治区、直辖市，深入非遗文化发源地，走访了包括苏绣国家级传承人姚建萍，南通蓝印花布印染技艺国家级传承人吴元新，中国青瓷大师、龙泉青瓷烧制技艺省级传承人陈坛根，宣纸制作技艺省级传承人罗鸣，捞纸大师、大国工匠周东红，徽墨制作技艺

---

* 车静雯，光明网市场部副总监；
　靳铃涵，光明网记者。

省级传承人周美洪在内的国家级、省级非遗技艺传承人近百位。通过直播，网友得以近距离地了解制造步骤，从而对工序严谨、原理复杂的中华古老技艺产生浓厚的兴趣，对先辈的不朽智慧心生敬畏。

桑蚕丝技艺云锦非遗传承人周双喜对于百万观众观看直播表示惊叹，并感谢此次直播活动对非遗传播所作出的贡献。华州皮影非遗传承人薛宏权表示，皮影戏的传承离不开创新，非遗文化的传播也需要借助光明网直播这样关注传统文化、理解传统文化的新媒体平台进行推广和传播，吸引年轻人关注，把传统文化失去的受众拉回来。在50场直播结束后光明网对传承人进行了受访者满意度调查，现已基本完成调研问卷的回收工作。根据反馈分析发现，82.86%的传承人对"致·非遗　敬·匠心"非物质文化遗产系列直播表示非常满意，17.14%的传承人表示满意；100%的传承人对移动直播这种新型传播形式的实时互动体验表示非常满意；100%的传承人认为，通过网络直播等新型传播渠道，对推动非物质文化遗产的全方位传播、传统文化的"活态"发展有帮助。在建议及意见中，传承人均提议此类非遗直播要继续做下去，并且对于接下来非遗直播如何做得更好给了很多建议。程大位珠算法代表性传承人汪素秋建议："希望能多跟踪报道一段时间，让百姓更深入了解一些。"木雕（曲阜楷木雕刻）省级传承人褚德胜认为："新媒体直面非遗，本身就是对非遗的一种传承，也是非常好的传播方式。就是时间关系，有些技艺不能展示完整。"雕版印刷国家级非遗传承人芮名扬建议："对非物质文化遗产系列直播的活动可以继续搞下去，有的项目的技艺工序多，此类项目不妨多搞两次。第一次参加直播好似'热身'，总留有遗憾、不足，再次参加会'老练'点，效果应好一些。倾听广大网友的建议和意见，集思广益，将此类直播越办越好。"

　　本次直播活动还得到了文化界、艺术界、知名学者、演艺名人的关注和支持。北京大学中文系教授、著名评论家、文化学者张颐武，著名相声演员苗阜，北京电视台主持人田歌，江苏卫视《世界青年说》TK11成员之一穆雷等多位嘉宾不仅作为特邀主播加入本次非遗系列直播当中，有效地扩大了活动的社会影响力，提高了社会对于非遗的了解，增强了社会对非遗的传承与保护意识。同时，第一次接触用直播传播非遗的张颐武教授，在直播后充分肯定了光明网以直播的形式宣传非遗，并表示："直播让现实生活中的非遗文化'活'态展现，在非遗传播中是一种非常好的方式。"主持人田歌表示："没有想到通过直播能吸引这么多年轻人关注传统文化，这个直播节目在非遗传播上做的贡献是功在千秋的。"

　　而对于年轻的网友来说，非遗也不再仅仅是百度百科里那一句解释，它更是生动的老百姓的民间智慧。通过对黔西南布依族刺绣的直播，使得直播机前的"80后""90后"第一次认识了隐藏于深山之中、拥有几百年历史的布依族刺绣。除此之外，还听到了表情达意的布依族浪哨。习惯了在各种西方节日里，用微信、玫瑰、Tiffany表达爱意的年轻人，第一次体会到了爱情的另外一种表达方式。少数民族的浪漫让很多人感动其中，更有网友说："我们城市人表达爱的方式实在是太Low了。"在对南京云锦木机妆花手工织造技艺直播的过程中，网友互动留言："站在师傅的身后，看他脚踏、手推、抛梭这一系列的动作，似乎瞬间就把我们和古代某一时刻相连起来。古时候的女子把自己的爱情和日常的织布相连，这是一种多么美好而又富有生活气息的画面啊！"而在云南腾冲的刘永周皮影馆对腾冲皮影的直播过程中，网友们也在弹幕中说："择一业终一生。我们似乎看到了300年的历史就在眼前，被刘永周一家的匠心与传承深深地感动。我从没有想过，我居然会在一场直播中找到了泪点。"

　　同时，多家媒体对"致·非遗　敬·匠心"非物质文化遗产系列直播也进行了相应报道。《人民日报》10月12日第5版刊文《网络直播正从"颜值"向价值转型》，其中以本次系列直播为例论述"传递文化和价值，网络直播大有可为"；《中国文化报》头版刊文《"非遗+直播"，奇妙无穷》；《光明日报》《中国文化报》《中国艺术报》《北京日报》等也分别刊发了《非遗直播秀黔西南服饰文化》《非遗直播"活"才会火》《新媒体为非遗传播赋能》《非遗+网络直播：让非遗"活"在大众身边》等重要稿件；新华网、人民网、腾讯网、搜狐网、凤凰网等对活动内容进行了相应报道。

"我的家乡有非遗" ——非遗传播典型案例分享

●余雪松　王　曚*

　　每年6月的第二个星期六为"文化和自然遗产日"，其源自文化遗产日，体现了党和国家对保护文化遗产的高度重视和战略远见。目的是营造保护文化遗产的良好氛围，提高人民群众对文化遗产保护重要性的认识，动员全社会共同参与、关注和保护文化遗产，增强全社会的文化遗产保护意识。

　　结合文化和旅游部在文化和自然遗产日的活动主题——"多彩非遗，美好生

＊　余雪松，快手政府事务总监。

　　王曚，快手内容运营总监。

活"，快手 APP 联合央视财经，特别策划推出"我的家乡有非遗"系列主题活动，充分结合快手上大量非遗相关用户和作品，弘扬中华传统文化。

快手作为国内最大的短视频传播媒体之一，日活数已超 1.3 亿，且平台本身就拥有大量的非遗传承人上传的非遗视频素材。所以在活动预热阶段，以 5 张宣传海报为载体，通过快手官方账号、微博、微信以及央视财经新媒体平台进行推广，为活动的开展打下了良好的基础。在让用户看到活动宣传的同时，快手充分考虑到了用户体验，发起了"我的家乡有非遗"短视频征集活动，让平台用户自由上传符合征集标准的短视频，增强活动参与感。活动视频征集期间，央视财经《第一时间》电视栏目组两次播报活动情况，并播放两支宣传片，征集作品近 4 000 个、用户参与量 6 000 万以上、收获 75 万次点赞，取得了良好的宣传效果，活动影响力进一步提升。

在活动展示阶段，快手通过主题式互动 H5、用户展示宣传片、非遗曲艺周直播、主流媒体宣传报道四个维度将此次"我的家乡有非遗"活动推向高潮。

主题 H5 以省份地区为维度，收录 30 多个地区近 300 项非遗，请网友选择自己家乡的非遗进行守护，引起病毒式传播。H5 从 2018 年 6 月 8 日开始传播，截至 6 月 10 日，参与量已经破百万。H5 一经推出，也引发了 50 多位业界权威、知名学者、媒体人士在朋友圈进行传播，勾起了大家对家乡的美好回忆。

文化和自然遗产日当天，在央视财经《第一时间》电视大屏，主持人播报活动进展情况，并播放展示宣传片。央视财经快手号发布用户展示宣传片，播放量为 74.6 万，点赞数 1.7 万多次，评论 1 100 条。快手用户非遗宣传片展示主题"非遗就在你我身边"遵循从群众中来，到群众中去的思想，获得了广泛好评。

在文化和旅游部主办的 2018 全国非遗曲艺周现场，快手组织的大 V 账号对包括主场活动和进社区展演等多场次的直播获得千万人次的关注和点赞，实现现象级传播推广。

此次非遗曲艺周共直播 4 天 7 场，累计观看人次为 1 896 万，累计获得点赞 3 607 万次。第一场民园广场直播最火爆，观看人次接近 500 万。经过现场调研，青海越弦、内蒙古乌力格尔和湖南武冈的弹唱传承人都是快手用户，并上传了不少相关项目视频。现场还发现有快手用户在观看和直播。

"我的家乡有非遗"活动推出后，获得《人民日报》、新华社、央视财经APP、《参考消息》、中国新闻网、腾讯、天天快报、新浪、网易、搜狐、凤凰、一点资讯、今日头条、UC、TECHWEB、中华网等多家主流媒体的关注和报道。

文化和自然遗产日前后，是非遗保护成果的集中展示时期。快手在节日期间推出的"我的家乡有非遗"活动，从普通民众的视角，与其他非遗类主题活动相辅相成、互相促进，协同传播。此次活动的推广力度较强，运用了家乡主题海报、视频征集活动、用户宣传片展示、互动 H5 等多种形式，活动前后的几轮传播，让本次活动在社会上产生较为广泛的传播影响力。与此同时，本次活动还挖掘了快手上积极参与非遗活动的用户，如景泰蓝、核雕、蜡染等非遗技艺的传承人，以及普通民众参与非遗类舞蹈、戏曲、节日等相关视频内容，通过征集活动页面的精选展示，以及央视财经电视宣传片的推广，让更多人看到快手用户们对非遗的热情。活动以家乡地域为维度，尤其是互动式 H5，号召每个人以自己的名义成为家乡非遗的守护者，并科普各地的非遗文化。怀着对家乡的热爱和自豪感，各地网友踊跃参与互动并转发，权威 / 知名人物 / 大咖引起了民众对家乡非遗的广泛讨论。

广大民众是非物质文化遗产的创造者、保护者和传承者，只有充分发挥广大民众的积极性，才能使我国的优秀传统文化得到继承和弘扬；只有让非物质文化遗产重新回到人们的生活中去，才能激发其本身的活力，才适合当今时代发展的传承，非遗传播说到底就是文化的传播。

省级非遗专题微信公众号^①调查报告

● 杨　红　李晓飞[*]

刘魁立先生曾说过："文明的推广、文化的赓续，靠传承，但是也靠传播。一种文化事项的传承，更多是传承人群的事，而有了传播，才会使它变成整个社会的事情。"

近两年来，非物质文化遗产（以下简称非遗）的传播渠道不断拓宽，队伍与机制不断健全，非遗传播的大格局正在形成。其中，基于移动终端的新媒体传播成为主要渠道之一，据中国互联网协会正式发布的《中国互联网发展报告 2018》显示，截至 2017 年我国网民规模已达 7.72 亿，^②以手机为中心的智能设备已成为万物互联的基础。各级非遗保护部门已然开始利用微信、微博等新媒体开展工作，有的还建立了非遗专题微信公众号，在汇聚本地区非遗关注人群、扩大非遗保护工作影响力、普及非遗公众认知和组织地区性非遗实践活动等方面发挥了重要的传播平台作用。

基于此，中国传媒大学文化产业管理学院非遗展示传播研究团队策划开展系列调研。本次调研聚焦省级非遗保护机构已经开设的非遗专题公众号的发展状况，后续还将发掘一批运营良好、特色鲜明的地市级、县级及社会主体开设的非遗公众号。本报告旨在通过对国内省级非遗保护机构非遗专题公众号进行数据收集和

---

*　杨红，中国传媒大学文化产业管理学院副研究员；

　　李晓飞，中国传媒大学文化产业管理学院硕士研究生。

①　省级非遗专题微信公众号是指账号主体为省级非遗保护机构，并且账号专门用于非遗传播工作的微信公众号。

②　中国互联网协会：《中国互联网发展报告 2018》，http://www.isc.org.cn/.2018-07-13.

定量统计，勾勒其整体概况，分析其传播亮点及可能存在的问题，并对非遗保护部门如何精准定位非遗专题公众号、如何提高公众号的传播效能提出对策与建议。

本次调研样本选择对象为账号主体是省级的非遗保护机构，并且账号专门用于非遗传播工作的微信公众号。样本采集有效期为 2018 年 9 月 1 日至 9 月 30 日。2018 年 10 月 1 日至 10 月 2 日完成数据统计。

根据调研统计，全国（除港、澳、台地区）共有 19 个省级非遗保护机构已经开设非遗专题微信公众号，具体请见表 1。在样本采集有效期内，共有 15 个省级非遗保护机构的非遗专题公众号正常运营，约占公众号总数的 79%。此外，辽宁省、江苏省、福建省、广东省等非遗保护部门开设有本单位综合性公众号（如省级文化馆公众号等），并在公众号中开设有非遗相关栏目。本次调研对象为非遗专题公众号，因而未将这些综合性公众号数据统计在内。

表 1　省级非遗保护机构已经开设的非遗专题微信公众号

省 / 自治区 / 直辖市	公众号名称（排名不分先后）
北京	北京非遗中心
天津	天津市非物质文化遗产保护中心
河北	河北非物质文化遗产
内蒙古	内蒙古非遗
黑龙江	黑龙江省非物质文化遗产保护中心
上海	上海非遗
浙江	浙江非遗

续表

省 / 自治区 / 直辖市	公众号名称（排名不分先后）
江西	江西省非物质文化遗产保护中心
山东	山东省文化馆山东省非遗保护中心
河南	河南非遗
湖北	湖北省非物质文化遗产保护中心
湖南	湖南非遗
广西	广西非物质文化遗产
重庆	重庆市非物质文化遗产保护中心
四川	四川非遗
贵州	贵州非物质文化遗产
云南	云南省非物质文化遗产保护中心
宁夏	宁夏非物质文化遗产保护中心
西藏	西藏非物质文化遗产

备　注：本次调研数据统计来源仅限公众号推送的信息资讯，不包括公众号开发的辅助功能中的数据，如在线投票、在线报名等。

本次调研主要基于观察法进行定性分析，以普通用户身份对这类公众号进行搜索、关注、浏览、阅读，对公众号发布信息数量、期次频率、阅读量和点赞量进行定量计算，对统计有效期限内公众号发布的资讯内容逐一进行文本分析和整理归纳。

一、省级非遗专题微信公众号情况分析

（一）总体情况

1. 发布信息数量

在统计有效期内，15 个省级非遗专题公众号处于正常运营状态，共发布各类信息文章 258 篇，照片 1 836 张，动态图 49 张；视频 10 段，总时长 56 分 15 秒；音频 2 段，总时长 12 分 28 秒。

其中，在推送文章的总文字量方面，北京位列第一，浙江位列第二，上海与四川并列第三。发布消息总篇数最多的是北京，共计 82 篇；其次是浙江，共计 60 篇；上海和四川并列第三位，各自都是 24 篇，如图 1 所示。照片使用最多的是浙江，共 641 张；第二位是北京，共 542 张；第三位是四川，共 189 张。

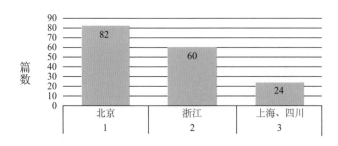

图 1　省级非遗专题公众号 30 天内发布信息篇次（排名前三）

使用视频最多的是北京，共使用 6 段视频，总时长达 31 分 8 秒，约占总量的 55.3%；使用动态图最多的是浙江，共使用 45 张动态图，约占总量的 91%，其余公众号对动态图使用极少，多以图片的形式呈现。

各公众号对于音频使用不多，只有上海使用了两段音频，共计 12 分 28 秒，占总量的 100%，其余公众号均没有采用音频形式传播信息。

2. 发布期次频率

微信公众号每天可以更新一期，每期可以发布一定数量的信息，而各公众号在发布期次及频率方面差异很大。在统计有效期（30 天）内，省级非遗专题公众号共发布信息 118 期次，平均每个公众号发布 7.8 期。最多的是北京，共计 29 期；其次是浙江，共计 23 期；第三位是四川，共计 21 期。一部分公众号在一个月内发布 5~6 期，依次为云南 7 期，黑龙江 6 期，贵州 6 期，河北 5 期，河南 5 期，约占整体的 24.5%。一个月内更新不到 5 期的有 7 个省份，约占整体的 13.5%，有 4 个省份在一个月内只更新了一次，具体如图 2 所示。

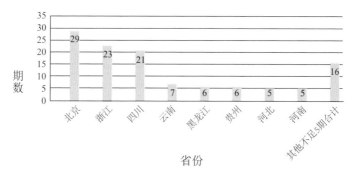

图 2　省级非遗专题公众号 30 天内发布信息期次统计

从每期发布的信息数量来看，上海每期发布 6 篇，其余公众号均不固定。浙江、北京和河南每期发布 4 篇左右；大部分公众号每期发布 1 ~ 3 篇信息；有 6 个公众号每期只发布 1 篇信息，约占整体的 14.4%。

"北京非遗中心"是唯一定期发布信息的公众号，整个 9 月份只有 9 月 22 日停更，其余时间每天都处于更新状态。其他地区的公众号，如上海、浙江、四川等，在一定时间段内可以达到每天更新，但从整体来看，尚未形成发布周期规律。

3. 阅读量和点赞量

在统计有效期内，这些公众号的总阅读量达到 38 411 次，总点赞量是 664 次。各公众号之间差异明显，总阅读量最多的是浙江，达 17 018 次，总点赞量最多的也是浙江，达 229 次。

除浙江外，其余公众号的总阅读量均不足 10 000 次。总阅读量在 5 000 次以上的有北京（6 546 次），总阅读量在 2 000 次以上的有河北（2 908 次）、上海（2 465 次）、四川（2 690 次），以上 5 个公众号总阅读量达 31 627 次，约占整体的 82.3%，具体如图 3 所示。

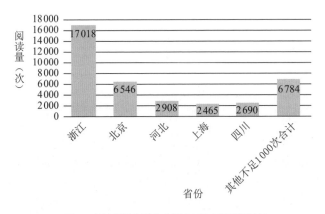

图 3　省级非遗专题公众号 30 天内阅读量统计

总点赞量在 100 次以上的公众号共有 2 个，分别为浙江（229 次）、北京（123 次），约占整体的 53%。而总点赞量不到 10 次的有 4 个，约占整体的 1.3%。

（二）信息内容分析

各公众号发布的信息内容主要是与各非遗保护机构相关的新闻资讯，涉及演出、赛事、展览、培训、采风、交流、调研、会议、讲座等，也会发布非遗项目介绍、传统文化普及、艺术作品赏析、地方风俗展示等知识性内容。其中，北京、上海等公众号对所发布的信息内容进行了分板块归纳，"北京非遗中心"将所发布信息内容分为非遗艺绽、非遗时光、视讯、动态、福利等板块，"上海非遗"将所发布的信息内容分为书鉴、专访、资讯、非遗特搜队等板块。

从单篇信息统计来看，这 258 篇信息平均每篇 854 字，配图片 5 张，动态图 0.2 张，平均每篇阅读量 148 次，点赞 2.5 次。

其中，浙江于 2018 年 9 月 5 日发布的头条信息《第十届浙江·中国非物质文化遗产博览会（杭州工艺周）活动综述》，阅读量和点赞量均排第一。该信息主要对杭州工艺周活动进行了概述，介绍了活动具体板块的内容，内含 8 张图片，这条信息阅读量达 2 785 次，点赞量 35 次，文后有 7 条互动留言，表明公众对这一活动倍感兴趣。

阅读量超过 1 000 次的信息共有 3 篇，分别为微信公众号"浙江非遗"于 2018 年 9 月 5 日推送的《第十届浙江·中国非物质文化遗产博览会（杭州工艺周）活动综述》，阅读量达 2 785 次；公众号"河北非物质文化遗产"于 2018 年 9 月 25 日推送的《河北省省级非物质文化遗产项目代表性传承人进入动态管理新阶段》，阅读量达 1 551 次；公众号"浙江非遗"于 2018 年 9 月 6 日推送的《第二届中国—中东欧国家非物质文化遗产保护专家级论坛即将在杭州举办》，阅读量达1 231 次。

从信息内容上分析，阅读量较大的信息往往是当地展会、论坛等活动类内容报道，与从业者及公众关联密切的保护工作举措的阅读量也会比较高。内容的原创性和时效性与阅读量密切相关，转载类消息往往比较滞后，阅读量也会较低。比如，2018 年 9 月在济南举办的第五届中国非物质文化遗产博览，多数公众号都对这一全国性展会进行了报道，但由于滞后于各大新闻媒体、官方公众号，省级公众号相关文章的阅读量相对不高。

二、起步阶段，省级非遗公众号新媒体传播的问题何在

通过对省级非遗保护机构专题公众号为期一个月的调查研究，我们认为，这些保护机构能够通过微信公众号这类新媒体渠道开展非遗传播，走在了前列。但大多数公众号的传播与运营状况尚处起步阶段，在传播内容和形式方面仍有很大进步空间。

（一）非遗公众号传播形式层面

1. 发布频次应更加科学

发布频次的科学与否是衡量公众号运营能力的重要指标之一，较为成熟的公众号应能定期、定时发布内容，以增强用户黏性和用户活跃度。目前，多数省级

非遗公众号发布频次尚不固定，每期发布文章数量也未形成规律，整体处于较为松散的运营状态。在微信公众号运营竞争日趋激烈的今天，松散的运营状态往往会导致用户黏性降低，甚至导致用户大量流失，只有通过定期、定时发布优质内容，不断增强公众平台与用户之间的联系，才能让省级非遗公众号在业内占据一席之地。

2. 传播方式有待再创新

良好的传播方式能够为传播内容赋予新的内涵，尤其是在文化科技融合发展的大趋势下，如何运用科技手段展示和解读非遗资源，实现非遗的创新性传播是值得关注和思考的问题。现有省级非遗公众号在传播方式上还较为单一，大多以文字、静态图片予以呈现，较少使用动态图、视频、音频等形式，也没有使用虚拟现实等新技术增加互动性和参与性。因而，省级非遗公众号在创新传播方式方面大有文章可做。

（二）非遗公众号传播内容层面

1. 减少转载，鼓励优质原创内容

目前，省级非遗保护机构公众号发布的文章中转载传统媒体、其他公众号内容的占比高。由于转载发布时间远远滞后于原创媒体，转载内容很难提升公众号特色与价值，应适度减少转载内容数量、加强对转载的筛选和专题化管理，核心是要加大原创文章的发布量、鼓励优质内容的生产与传播。

微信公众号是账号主体阐发思想观点、发布实践举措、汇聚关注人群的平台，应更多策划和发布具有自己风格和特色的优质原创内容，彰显非遗新媒体传播的意义。

2. 改换文风，密切与公众的联系

新媒体不是传统媒体的电子版。目前，多数省级非遗保护机构将公众号定位为新闻资讯发布平台之一，以消息类新闻报道为主，并未考虑新媒体用户信息获取的习惯，缺少与公众号用户之间的潜在对话与现实关联。实际上，无论是传统媒体还是新媒体，都在经历着信息传播姿态和语境的调整，公众看不看、是否喜欢看是媒体成功与否的核心评判标准。通过微信公众号传播有温度、有质感，与公众有交集、有共鸣的非遗资讯内容，也有利于让非遗"见人、见物、见生活"，是值得努力的方向。

三、精准定位，省级非遗公众号新媒体传播未来可期

（一）根据非遗专题公众号服务对象进行精准定位

定位是设立微信公众号的首要前提，只有清晰自身定位才能明确未来发展方向。省级非遗保护机构专门设立的非遗专题公众号，除了服务省域内、本行业内的相关从业人员，更要吸引社会公众关注该省非遗保护动态，了解、参与和持续关注非遗。目前，省级非遗公众号大都以广域公众来定位，除了发布业内交流信息，基本都会兼顾社会公众的普及性、参与性需求，呈现"综合体"的公众号形态。

但是还需进一步明确公众号的核心定位，如果是期望做成面向社会、粉丝量大、社会影响力和关注度高的"微信大号"，就要根据新媒体用户人群画像、现有关注人群画像等进一步明确自身功能定位。据相关统计数据显示，10～39岁的年轻群体占到整体网民数量的73%，"80后"和"90后"的日均上网时长分别为6.2

小时和 6.5 小时，他们超过四分之一的生活时间都被网络挤占。^①因而，要格外重视年轻群体对新媒体内容与形式的需求特点，而年轻人的关注也正是非遗保护可持续性的保障。比如，许多省份经常通过公众号发布非遗活动类信息，一方面，在活动内容设计上，要考虑年轻群体的关注点；另一方面，在活动宣传策划上，要适度进行"青春化宣推"。通过海报、短视频等形式增加视觉冲击力，尽可能营造相对轻松、诙谐幽默的对话氛围，适度加入情感因素，增加用户的心理依赖和使用黏性。

（二）利用新媒体平台优势做好功能开发

微信公众号平台除了信息推送外，还可以开发很多辅助功能。本次调研的省级非遗公众号中大多数都开发了辅助功能，内容涉及场馆预约、培训报名、演出票务、衍生品售卖等。通过开发辅助功能，使得许多公众号事半功倍地完成了服务拓展和延伸，集信息发布、活动参与、评价反馈于一体。例如，"湖南非遗"公众号的"薪火之传"板块中设立了"戏曲动漫""戏曲荟萃""非遗活态传承戏曲专场晚会""小小戏曲传承人"等内容；"创意之秀"板块中重点介绍文创产品；"欢乐之夜"聚焦"非遗欢乐之夜启动活动"等。此外，"上海非遗"公众号的"展馆行""山东非遗"公众号的"线上活动""公共文化"等板块都吸引了大量公众参与其中，由信息传播延伸至公共服务、社会教育、互动反馈等功能。

（三）助推线上线下在非遗保护中的联动与融合

线上线下融合已经成为时代发展的趋势，线上线下联动的方式是微信公众号

---

① 北京青少年网络文化发展中心．搜狗输入法大数据团队：《中国青年网民网络行为报告（2016—2017）》，[EB/OL]．(2017-05-28)，http://www.takefoto.cn/viewnews-1164373.html。

最有效的推广方式之一，也是扩大非遗保护工作涉及面和影响力的有效方式。本次调研发现，省级非遗公众号最见成效的推广方式就是与实体活动相结合，例如，"浙江非遗"公众号推送的《第十届浙江·中国非物质文化遗产博览会（杭州工艺周）活动综述》等系列文章，通过从不同角度对杭州工艺周的活动预告和深度报道，吸引用户持续关注，公众参与度和社会反响都很好。通过线上线下密切联动，一方面，可以提升公众号自身的权威性、知名度和影响力，扩大用户范围、巩固用户人群；另一方面，可以扩大实体活动的社会参与度和关注度，借助新媒体传播的人气汇聚力量。

在业内外越来越重视非遗传播工作的今天，省级非遗专题公众号作为地区权威性和专门性的新媒体传播渠道，应当成为地区非遗保护、传承与发展的资讯枢纽和交流平台。通过精准定位从而明确传播对象，通过形式与内容的提升，实现专业化、差异化发展；通过更多实用功能的开发，提高渠道传播的效能；通过新媒体传播助推线上线下在非遗保护中的联动与融合。

非遗服务平台类微信公众号现状调查

● 杨　红、周晓静 *

近年来，非物质文化遗产传播的渠道日趋多元，基于移动终端的新媒体传播已成为其中重要一环。与非遗相关的资讯和内容资源在网络社交平台中大幅增加，网络自制剧、网络综艺、网络直播等网络视频渠道中也开始出现非遗相关题材内容，而以微信公众号为代表的非遗相关自媒体增长速度尤其迅猛。值得关注的是，微信公众号已然成为非遗行业资讯传播的核心渠道。

本次调查对象确定为非遗服务平台类微信公众号，重点选取 10 个代表性公众号进行数据收集和定量统计，以期了解这些最早开设或目前运营状况较为突出的服务平台类公众号的运行状况和传播效果。开设非遗服务平台类公众号的社会主体类型是多样化的，包括提供非遗保护第三方服务的相关企业，从事非遗保护相关研究的高校、研究机构、团队及专家学者个人，从事非遗相关商业活动及产业项目的企业，非遗项目保护单位、传承主体个人等。由于不同类型社会主体开设公众号的传播目的、运营条件等差异较大，数据间不具备可比性。因而，本次调查只就企业主体开设的综合平台类公众号进行数据对比，以供业内参考。

* 杨红，中国传媒大学文化产业管理学院副研究员；

　周晓静，中国传媒大学文化产业管理学院硕士研究生。

一、总体情况

本次调研对象为由企业等社会主体开设的、定位与非遗密切相关的服务平台类微信公众号。样本选择依据包括：（1）公众号开设时间较早或业内影响力较为突出；（2）传播内容覆盖面较宽，以综合性的非遗、传统工艺资讯服务平台定位；（3）兼顾其他代表性公众号类型，比如非遗相关企业的资讯发布平台、非遗展示场馆的线上服务平台等。在下文中参与数据对比的 10 个代表性公众号，包括：工艺中国、非遗星球、中国手艺网、首创非遗、非遗与文创、湖南雨花非遗馆、文木、非遗界、非遗生活和嗓嘎。

样本采集有效期为 2018 年 10 月 21 日至 11 月 21 日，2018 年 11 月 22—23 日完成数据统计。调研主要基于观察法进行定性分析，以普通用户身份对这类公众号进行浏览、阅读，对公众号发布信息数量、期次频率、阅读量、原创量进行定量统计，对统计有效期内公众号发布的资讯内容逐一进行文本分析和归纳整理。

在统计有效期内，这 10 个微信公众号都处于正常运营状态，主要数据表现情况见表 1。

表 1　10 个微信公众号的数据表现情况

公众号名称	发布篇数（篇）	原创篇数（篇）	总阅读量（次）	平均阅读量（次）
工艺中国	64	26	97 386	1 521.66
非遗星球	21	11	23 007	1 095.57
中国手艺网	34	3	21 797	641.09

公众号名称	发布篇数（篇）	原创篇数（篇）	总阅读量（次）	平均阅读量（次）
首创非遗	22	7	9 733	442.41
非遗与文创	15	0	3 745	249.67
湖南雨花非遗馆	18	0	3 743	207.94
文木	12	0	2 827	235.58
非遗界	60	5	2 821	47.02
非遗生活	5	0	1 393	278.6
嗓嘎	42	21	824	19.62

注：本表按照统计有效期内公众号总阅读量进行排序。

（一）阅读量与发布频次

单篇阅读量统计结果，可以为公众号用户需求、流量会聚原因等的分析提供重要依据。

在统计有效期内，单篇文章阅读量最高的是"工艺中国"发布的《传统纹样100张，很美很中国》，阅读量达8 210次。实际上，"工艺中国""中国手艺网""手艺门"等均对这篇"壹号收藏"的原创推送《传统纹样100张，很美很中国》进行了转载，均获得了较高的阅读量，分别为8 210次、3 449次和3 994次。该文章以大量纹样图片表现，辅以介绍文字，内容丰富且特色鲜明，具有很高的艺术欣赏价值和知识普及价值，因而吸引了大量同类公众号的迅速转载，该篇文章同样也是"中国手艺网"统计有效期内阅读量最高的单篇。

单篇阅读量排名第二的是"工艺中国"发布的《文化和旅游部部长发言：让非遗带动手艺人致富》，阅读量达 7 848 次。这篇推送隶属于行业资讯类文章，既是政府权威发布，又与行业关注热点相契合。

单篇阅读量排名第三的是"非遗星球"发布的《非遗头条　发现你身边的非遗 No114》，达 5 244 次。"发现你身边的非遗"是"非遗星球"常设的每周资讯栏目，综合国内外一周非遗相关展览、论坛、活动等图文信息，以国内相关资讯采编发布为主，以事件发生地所在省份作为信息分类依据。

在发布规律方面，一部分公众号目前已经形成了稳定的发布时间与频次，包括"工艺中国""非遗界""嗓嘎"等。"工艺中国"每天发布 2 篇文章，原创量较高，占比 40.63%；"非遗界"周一至周五 18:00 前后推送 2 篇或 3 篇文章；"嗓嘎"每次发布 2 篇，含 1 篇原创，原创量占比 50%，一般于 16:00—17:00 发布。

（二）公众号定位与功能设计

各类社会主体开设非遗服务平台类微信公众号的目的不同，定位也有较大差异。在本次调查范围内，大多数公众号侧重于资讯和内容传播，涉及范围较为广泛，包括行业动态信息、非遗知识普及、相关政策解读、活动信息发布等。部分公众号专注于发布公众号主体——企业、场馆相关资讯，定位为实体机构的资讯发布平台、线上服务平台，比如"湖南雨花非遗馆""非遗生活"等。

在定位的公益性与商业性区分方面，多数公众号带有较明确的商业目的。"以商养号"无可厚非，应当鼓励更多相关力量在主营业务与文化传播中建立共生互利关系，并且通过传播尺度的把握获得事半功倍的行业公信力。目前，有些公众号完全以公益性面貌示人，它们或具有行业传统媒体背景，或旨在建立行业权威自媒体平台，应当是看到了在网络社交平台尚未形成明朗的非遗领域"头部自媒体"格局这一良机。

在功能定位方面，多数公众号以资讯传播和内容供给作为基本功能，有的侧重于对全行业资讯"一网打尽"，有的则侧重于专项信息服务。例如，"中国手艺网"定位于传统手工艺的全方位资讯平台，其背后有运维良好的网站提供内容支撑，因此，该公众号更新及时、分类清晰、查询便捷；"工艺中国"以"工艺美术行业的专业推广平台"自居，微信公众号与网站共同为工艺美术大师提供推广服务，如付费搭建服务、免费维护个人官网服务等。此外，"手艺门"公众号最初也定位于手艺的文化传播，在子菜单"手印记"里专门开设"一百零八匠"和"七十二坊"，对手艺人和从业团体进行分类介绍。但由于近期推送内容与非遗、传统工艺的关联性不大，我们没有将其选入代表性公众号进行数据对比。目前，"手艺门"开设的"手艺商城"是其主营业务，包含传统工艺类非遗产品的线上交易。

根据调查结果，文化传播与电子商务如何维系共生关系是其中的核心问题。通过具备一定公信力、符合用户兴趣习惯的内容分享，可以有效带动相关产业发展或相关产品销售。有的公众号已经生成了微信小程序，配合开展电商功能；有的则直接将公众号与各平台的官方网店建立链接，打通社交电商路径。例如，"非遗生活"公众号链接淘宝、有赞、京东等官方商城进行商品销售；"湖南雨花非遗馆"开通了相应的微信小程序，其中既包括电商板块，又包含行业资讯、专访报道等内容传播；"中国手艺网"则在网站中专门开设电商网页进行商品交易。

在菜单功能设计方面，多数公众号都对菜单功能进行了较为细致的规划，均设有 2~3 个菜单，一般为非遗内容专栏、企业资讯推广、相关电商板块、用户互动方式等。有的公众号还做到了对发布文章进行分类管理，便于用户查询阅读。比如，"非遗星球"定位于国内外资讯发布，菜单设置清晰，分为"赋能者说""知行合一"和"我的星球"三个板块，在"知行合一"菜单中又下设"扛鼎人物""非遗影像""非遗头条"等子菜单，其中"赋能者说"这个栏目邀请非遗传承人或行业专业人士进行自述，试图打开非遗行业专业人士交流互动的生态圈；"文木"注重专业第三方服务板块的建设，专门开设"非遗研究"菜单，其中包括了普查申报、专业摄制、专项规划、数据库建设、编辑出版等服务业务介绍；"非遗界"聚焦湖北非遗，注重视频推广，录制的原创视频在"腾讯视频"平台推广，公众号中也设置了专门的视频菜单板块，截至数据统计日期 2018 年 11 月，共在"腾讯视频"上传 34 个视频，共计 18.7 万播放量；"嗓嘎"侧重于民族地区非遗的普及传播，也包含项目服务等功能。

"首创非遗"和"非遗与文创"在发布资讯之外，注重推动线下园区、产业圈的融合发展，比如"首创非遗"线下的拍卖活动等；"非遗生活"注重打造以非遗为核心要素的民族文化品牌，在"品鉴"这一菜单对品牌系列作品进行展示；"湖南雨花非遗馆"注重非遗展示场馆的详细介绍，以及日常活动信息的发布。近期，国内不少非遗展示场所都开设了微信公众号，以发挥信息发布、服务延伸等功能，本次调查只选取了代表性个案。

此外，笔者也对"央美非遗中心"等高校研究机构公众号、"环球非遗 Global

1CH"等个人自媒体公众号进行了初步调研。调研发现,研究机构通常将公众号作为研究论文、学术活动的发布平台,侧重于为行业提供各类研究角度的学术支持;而研究者、从业者个人开设自媒体公众号的情况也逐渐增多,比如"环球非遗Global 1CH"就以译介为特色,主要提供联合国教科文组织关于非遗保护相关文件资料的翻译与分享。

二、提升建议

社会力量的全面参与是非物质文化遗产保护事业可持续发展的大势所趋。尤其是非物质文化遗产的大众传播,需要各类各级媒体、相关从业企业及机构形成合力。目前,服务平台类公众号差异化的定位,带来的是更为多元和广阔的传播对象覆盖面,依靠这类与非遗相关、对"非遗+"关注点各异的自媒体,可以有效而广泛地连接各类人群,突破时空局限,持续激发关注,实现非遗传播"中继站"的扩散功能。

从专业分工角度看,非遗传承人、非遗保护工作者、学术研究者都无法替代非遗信息与知识传播者的角色。从某种程度上讲,非遗的普及传播就如同教育。叶圣陶先生说过:"谁能把深奥的道理用简单易懂的方式讲明白,谁就是好的老师。"非遗类公众号要想在海量自媒体中占有一席之地,就要练就一身好本领,能把不同门类的非遗项目,传统文化事项、艺术表现形式,用通俗化的语言,吸引人的图片、视音频等展示出来,如此,它们才可以成为很好的非遗普及传播者。

截至 2017 年年底，微信公众号已超过 1 000 万个，其中活跃账号 350 万个，月活跃粉丝数为 7.97 亿人次。尽管有专家预言"微信公众号红利期已过"，但在非遗传播领域，公众号还处于高速发展期，尚未形成明朗的"头部自媒体"格局。各类相关公众号应紧紧抓住当前良机，扩大非遗传播"朋友圈"，以传播带动相关产业发展，甚至靠传播形成强有力的自媒体变现途径。

（一）传递行业用户刚需资讯

公众号要通过分享信源可靠性高、时效性强、覆盖面广的行业信息，为细分领域用户持续提供有价值的资讯。当前，"中国手艺网""非遗星球""文木"等都在打造资讯型公众号，这就对公众号运维团队提出了更高的要求，公众号的信息来源、采编时效、发布管理等都至关重要，与粉丝量、阅读量和用户黏度等息息相关。

首先是业内信源渠道的累积，公众号主体与各级非遗保护机构、传承人群、研究机构以及其他从业机构形成线下合作关系，第一时间获得政策导向类、行业动态类信息，并有效利用新媒体传播速度优势予以发布与跟进。

其次是业内热点的实时监控，公众号平台在运用大数据工具的基础上，要形成一支对行业发展动态高度敏感，能够精准提取有效内容、加工形成传播热点的公众号编辑团队，发展一批优质原创内容生产者队伍。

最后，公众号要是运用自媒体传播规律，固定周期及时段推送，引导用户阅读习惯的形成；用好菜单设置等内容细分、导览与查询功能，为用户提供便捷的公众号使用指南；形成稳定的推送内容文风和视觉风格调性，通过评论区互动、线上线下活动等增加用户黏度，巩固粉丝社群。

除行业资讯型"头部自媒体"之外，还需要大量更垂直、更细分领域的专业公众号，从非遗项目的不同地域各个门类，非遗保护措施的不同方面，非遗相关相邻应用领域等实施精准传播。定位越细分，公众号内容越具有专业性和深度，形式也更具灵活性和特色。实际上，传播内容"切口"越小越准，越能快速打开细分领域市场，也更适合中小型规模团队运营。比如，"非遗界"深耕湖北省非遗资源，主打原创视频；"环球非遗 Global 1CH"只做联合国教科文组织非遗保护资料的双语传播等，定位具有唯一性特质，持续深耕优质内容就可取得更广泛的影响力。

（二）契合主流网民阅读习惯

1. "短平快"，与碎片化阅读习惯相吻合

这里的"短平快"是指推送文案应当在控制篇幅、语言平实亲近、快速跟进热点的同时，符合用户快速阅读的习惯。当前有一些公众号及其所推送的文章并不能获得预期的阅读量，这与公众号粉丝量偏少当然有关，但更主要的是文案本身不符合用户阅读习惯，无法促成大规模转发分享。比如，以上大部分公众号对非遗传承人及其技艺的传播，采取了大篇幅、叙述式、传记体的表达方式，在冗长的文字中并不注意突出核心信息，全文也不设置与用户形成隐性对话的环节，这类原创文案给受众留下叙事方式雷同化、传播内容同质化的印象，无法在新媒体渠道获得良好的传播效果。

2. 亲切度，新媒体文风转换不可或缺

近年来，各大主流媒体的社交渠道也在转换"声道"，运用互联网语言创新表达语态，结合互联网思维传递正向能量。本次调查的非遗公众号都在不同程度

地实践着新媒体文风，但仍有部分公众号延用传统新闻报道的模式进行会议、活动等资讯发布，说教式、告知式、陈述式文风拉大了公众号与用户的距离。真实的内容、真诚的语态，才能与社交媒体情感化、生活化的阅读场景相契合。但是需要注意的是，大众并不会持续为"情怀体"埋单。语言偏于华美、情感过分升华，反而会使大多数用户产生抵触心理而提前离场，甚至误以为"非遗是阳春白雪，大众遥不可及"。

3．策略性，利用热点激发深度思考

长文阅读可为用户提供较大信息量，与用户进行思想与情感的交流，也可吸引用户关注更多深层次问题、引发深度思考。但如何才能激发这种打破常规移动端阅读规律的行为？首先可依靠社会热点话题、行业热点事件引导用户兴趣点。比如，《延禧攻略》等热播剧中不乏非遗元素，不少公众号都推出了"由某剧说起"的深度解读文章和延伸阅读文章，将"宫斗粉""追剧粉"发展为"非遗粉""传统粉"。其次是提供能够留住用户的阅读场景。比如，移动终端的垂直布局，使得用户在阅读过程中对文章结构的把握较差，那么就要注意呈现相对简易的文章层次、提前告知文字数及阅读时长、标注文章中的核心观点、合理拆分发布并建立同系列文章的链接推荐等，帮助用户完成具有一定深度的阅读，减少弃读现象的发生，帮助用户构建细分领域的知识体系。

（三）线上线下服务功能拓展

1．以用户需求为导向，实现用户沉淀

目前，一些公众号已然转变为用户思维导向，无论是专题设计还是文章推送，都开始以用户需求为依据。比如策划原创文章选题，业内需求和大众需求的区别很大，这就要求公众号明确每篇文章的推送对象，按需撰写文案、编排版式，提升推送文章的好友转发量和朋友圈阅读量，通过二次传播巩固和发展粉丝群体。比如，"文木"在第五批国家级非遗代表性项目代表性传承人名单公布的第3天就发布了"国家级非遗传承人分布大地图"，以图表可视化方式呈现传承人分布状况，业内阅读量和转载量都非常高。

2．服务功能的拓展、巩固和发挥社群效益

当前，微信公众号与QQ兴趣部落、微信小程序、网站平台等的联动，不仅将文化传播与电商营销融入同一场景，而且可以基于用户需求开拓公益性与商业性服务功能，实现优质传播带动精准营销的高效运营。比如，"非遗生活"等公众号将非遗产品的电商营销作为主要板块；"工艺中国"则以工艺美术从业者为对象开展媒体推广、资源协作等方面的服务营销。需要强调的是，将有更多专业自媒体深耕内容制作，成为创新利用非遗资源的优质内容生产者，比如将非遗领域优质资源整合形成知识付费产品或服务等。

在非遗传播领域，微信公众号还处于高速发展期，尚未形成明朗的"头部自媒体"格局。这些非遗服务平台类微信公众号应当成为推动全民传播非物质文化遗产、构建非遗传播"朋友圈"的活跃力量，在吸引用户流量、实现用户沉淀、拓展变现业务等运营过程中应始终不忘自身定位与初心，把握好经济效益与社会效益的杠杆平衡。

B 站[①]，能否抓住传统文化这根稻草

● 张楚炀 [*]

近期，被称作"亚文化聚集地"的 B 站（哔哩哔哩）因网站动漫涉及低俗情色内容被点名批评。一时间，刚刚走上 IPO（首次公开募股）之路的 B 站又被推到舆论的风口浪尖。B 站的忠实用户极力为 B 站辩护，呼吁建立分级制，并力证 B 站传播的是优质文化内容和正能量内容。B 站董事长陈睿也一再公开表示，要将 B 站打造成为"互联网所有人的精神家园"，还介绍了"传统文化在 B 站的蓬勃复兴"。B 站在严格的监管和上市之路上可谓举步维艰，在保留二次元亚文化底色的同时，还要不断通过传统文化等优质视频内容进行平衡和自证。如今，面临全面清查的 B 站，能否抓住传统文化这根稻草？

一、B 站受众群像变迁

一直以来，B 站都被视作二次元领地，这里集聚了一群行为奇特，精神世界极其丰富活跃的青少年。他们也许在人群中沉默寡言、内向羞涩、冷漠疏离，但是在聚集了共同兴趣爱好者的社群中却异常活跃开朗。很多人难以理解这种现象，

[*]　张楚炀，中国传媒大学文化产业管理学院硕士研究生。

[①]　哔哩哔哩（bilibili），中国实时弹幕视频直播网站，创建于 2009 年，被粉丝亲切地称为"B 站"。

觉得这些混迹 B 站的青少年可能有"文化自闭"倾向。长期以来，B 站都是青年亚文化的重要传播地。

现如今，再用上述用户群像来描述 B 站受众可能就不太准确了，因为 B 站正在从 ACG（动画、漫画、游戏的总称）平台走向综合的视频内容平台。2017 年《中国移动视频 APP 行业研究报告》显示，在移动视频的独占率排行榜中，B 站位于爱奇艺和腾讯之后，排行第三，它的受众群像变得更加多元化，除了动漫和游戏，影视剧、纪录片等板块内容成功吸引了大批忠实用户，这些用户不局限于二次元群体。

二、除了动漫番剧和游戏，B 站还有什么

B 站最初是以 ACG 和二次元发展起来的，众所周知，ACG 文化发源于日本，其在中国的传播过程中一直被归入亚文化的类别。因此，B 站所营造的文化圈是根植于日本动漫文化的。

自 2009 年上线以来，经过近十年的发展，B 站的文化内容在不断扩大，并且呈现出主角本土化的趋势。从最初聚焦于创作动漫、游戏领域的作品，到影视类作品，再到当下最火的各大视频节目，B 站已经从小众文化圈扩大到大众流行圈中。但是与爱奇艺、腾讯、优酷等视频网站不同的是，B 站的二次元内核是区别于其他移动视频客户端的重要因素。其中包括 B 站独特的弹幕文化，以及"去中心"和解构权威的表达和交流方式，都构成 B 站个性社群文化的重要元素。90% 的 B

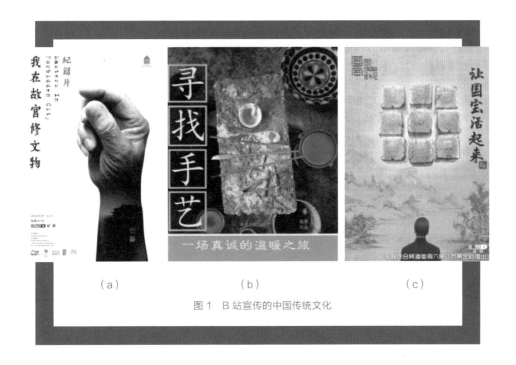

（a） （b） （c）

图 1 B 站宣传的中国传统文化

站用户都是内容生产者，从而形成具有高黏度且有情感维系的交流社群。这是其他视频网站无法比拟的平台优势。

三、传统文化在 B 站的创新表达

B 站虽然起源于日本流行文化，但近几年来，中国传统文化在 B 站受到越来越多的关注，一些具有传统文化底蕴的节目都是在受到 B 站追捧后反哺于传统电视台，如《我在故宫修文物》《寻找手艺》《国家宝藏》(图 1)等传统文化类节目在 B 站口碑发酵，关注度猛增。古风音乐、古风妆容、汉服等一些具有传统文化元素的内容也在 B 站形成了数量可观的受众群体。一些汉服 UP 主（视频内容上传者）对汉服的细节和历史都有着严谨的考究，通过制作大量的汉服科普视频和汉服展示视频向我们传递汉服独特的古典韵味和传统文化之美。在城市街头，你会发现越来越多汉服爱好者身着汉服，更有甚者穿汉服完成环球旅行，这些人都成为传统文化切身的实践者和传播者。

　　B 站上一位古风妆容 UP 主上传的古风仿妆视频（图 2），获得 67.1 万次

图 2　唐代仕女妆步骤

播放量和近 6 000 个弹幕数。视频中 UP 主对新疆维吾尔自治区吐鲁番阿斯塔那唐墓出土的泥头木身俑进行仿妆，在仿妆过程中对"洗尽铅华"等成语典故进行了解释，并实际复原了"分妆开浅靥，绕脸傅斜红"的古代女性面饰。虽然视频内容的严谨性还有待考证，但这一视频已经实现一定的文化传播功能。

　　B 站逐渐走入大众视野，也逐渐被大众熟识和欣赏。近日，虚拟歌手洛天依的国风歌曲《权御天下》的真人翻唱版甚至走上了《中国新歌声》的舞台，从小众的二次元文化逐渐走入大众视野；共青团中央与 B 站共同发起的"中国华服日"，将华服与 T 台走秀相结合，实现了传统文化与现代舞台的碰撞；国产动漫《中国唱诗班》系列动画短片，通过短篇故事演绎中国古诗词的文化内涵，被称作"国

图 3　《中国唱诗班》系列动画截图

漫崛起之作"。由此可见，B 站不仅发展成为传统文化的传播地，同时也成为传统文化创新表达的重要滋生地。

四、传统文化兴趣圈的青年力量

B 站的受众从核心二次元群体扩展到泛二次元，在板块划分上增加了纪录片、影视剧、音乐、舞蹈等分区。以动漫为核心正在向泛文化类内容扩散，在此基础上我们将 B 站的传统文化兴趣圈扩展到国漫、传统文化纪录片、汉服、古风舞蹈、古风音乐等不同细分领域，这些包含汉文化、传播传统工艺的内容共同构成传统文化兴趣圈层。传统文化兴趣圈层以"90后"为主导（图 4），截至 2018 年 2 月，Z 世代用户量约占 B 站总用户的 81.7%。根据极光大数据的统计结果，B 站活跃群

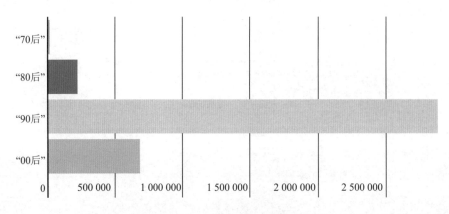

图 4 传统文化 兴趣圈的青年力量群体占比

体的年龄分布主要集中在"29 岁以下"。"24 岁以下"用户在 B 站中的占比达 76.1%，"29 岁以下"用户占比更是高达 92.1%；性别分布方面男性用户的占比为 56%，略高于女性用户。

陈睿在第五届互联网视听大会上介绍，B 站国风兴趣圈层的覆盖人数相比 5 年前增长了 20 倍以上。"90 后"和"00 后"生长在一个物质富足、文化多元且教育充足的时代，网络空间极大地拓展了他们的视野、培养了他们多元化的审美和丰富的知识储备，他们是真正有文化自信、道德自律和人文修养的一代，反叛和冲突只是一种必然的呈现形式。在 B 站可以真正感受到年轻一代对于中华传统文化之美的由衷热爱。他们用创新的表现形式，赋予传统文化新的内容。总的来说，B 站传统文化兴趣圈的传播具有自发性、创新性，且是基于较高的精神需求而进行的。

五、B 站的"传统文化复兴"启示

B 站存在部分低质化动漫内容是不争的事实，但与此同时我们也应该看到传统文化在 B 站的"复兴"，看到青年群体对传统文化的认同。"文化自信""传统文化复兴"并不是空口之谈，而是要在真切的文化体验和实践中不断加深，不断被理解的。

B 站的动漫内容受到批评的同时网站自身也承受着巨大的舆论压力，这使得其赖以生存的游戏内容也受到冷落。因此传播传统文化似乎成为 B 站融入主流的重要切口。在珍惜传统文化生存土壤的同时，我们需要总结并借鉴 B 站传统文化内容的传播特点和经验，了解传播规律和受众心理。

　　基于上文分析，我们可以发现：青年是文化传承的中坚力量，在传统文化振兴中，青年力量不容忽视，因此我们首先应该珍视年轻群体对传统文化的热忱。其次，传统文化的创新表现形式应该被鼓励，只有文化的碰撞才能产生新的势能，引发大众的关注和讨论，间接地实现文化的传播。最后，传统文化之美需要大量的精品内容引发观众的共情，最大限度触发人们对传统文化的认同感和满足感。这需要我们要充分利用现代科技，将现代感与科技感完美融合，将传统文化以更生动、更有温度的形式呈现出来。

非遗众筹，不只一场火热的"营销者游戏"

● 谭腾飞 *

随着本土化创新进程的不断推进，自 2011 年国内首家众筹平台上线至今，文化类众筹平台以及与非遗相关的众筹项目日渐增多。"大众创业、万众创新"时代的到来，无形中为众筹的发展再添一把火，该行业正逐步走向规范化，但不时还有各种关于众筹的负面消息被曝光。当前国内的非遗众筹之路无疑还有很长的路要走。

一、"点翠首饰"惹争议，非遗众筹成话题

2018 年 6 月，国内某众筹网站上线了一项名为"非遗大师手作宫廷点翠首饰"的众筹项目，目标金额为 10 万元人民币。该项目认筹金额从 499 元至 9 999 元不等，根据金额的不同，认筹者将获得点翠戒指、点翠耳钉、点翠吊坠等十余种不同的饰品作为对等权益。出乎意料的是，众筹开始后，大批网友前往网站留言指责该项目。在舆论压力之下，不久后该项目关闭下架，所有众筹金额均通过原渠道返回。这本是一场普通的商业合作，为何会引发如此大的风波？

问题主要出在"点翠"这项传统的金银首饰制作工艺上。了解"点翠"技法的人都知道，成活翠鸟翅膀及尾部鲜艳的羽毛是点翠饰品的关键所在。但由于翠

---

* 谭腾飞，中国传媒大学文化产业管理学院硕士研究生。

图 1　引发争议的"非遗大师手作宫廷点翠首饰"众筹项目

鸟多胆小、性烈，难以人工养殖，所以该众筹项目中原料的出处引发了网友的质疑。虽然项目负责人在后来发表的声明中解释所有翠羽均采购自海外电商平台，但网友们不买账，纷纷要求公示相关资料。

严格来说，这一次风波争议的焦点，并不在众筹这一商业模式本身。但此事引发的热烈讨论，却无形中将非遗众筹推进了社会公众的视野之中。

二、传统遇上新平台，问题重重成阻碍

众筹是舶来品。作为中国最早的众筹平台，"点名时间"虽然最终无奈转型，

但其在众筹领域的尝试掀起了不小的浪花。2013 年众筹网成立，该网站背靠网信金融集团的全金融业务线支撑，做了不少的众筹常识普及工作。2014 年，首届全球众筹峰会在北京成功召开，众筹再一次被推到风口。此后，阿里巴巴、腾讯、百度等互联网巨头相继入场，更是让众筹行业一片火热。

经过 7 年多的发展，众筹在中国的本土化创新进程不断推进，并显现出十足的生命力。《中国众筹行业发展报告 2018》显示，2017 年年底国内众筹平台数量急剧下降至 294 家，而一年前这个数字还是 532 家；从项目数量和融资金额来看，2017 年全年的成功项目数和融资总额分别为 69 637 个和 260 亿元。从数据来看，当前我国众筹行业整体呈现良好的发展态势，正处在从盲目扩张到精细化发展的转变过程之中，平台数量和项目质量不

¥1314元 / 限量500对

感谢您对我们的支持！
您将获得梅花点翠珍珠耳饰1对，主材为足银镀金，镶嵌珍珠，点翠类型为硬翠。

¥999元 / 限量500对

感谢您对我们的支持！
您将获得梅花点翠开口戒指1枚，主材为足银镀金，镶嵌珍珠，点翠类型为硬翠。

¥999元 / 限量500对

感谢您对我们的支持！
您将获得梅花点翠吊坠1枚，主材为足银镀金，镶嵌珍珠，点翠类型为硬翠。

¥2999元 / 限量500对

感谢您对我们的支持！
您将获得梅花点翠首饰足银镀金版一套【包含：梅花点翠珍珠耳饰1对，梅花点翠开口戒指1枚，梅花点翠吊坠1枚】，主材为足银镀金，镶嵌珍珠，点翠类型为硬翠。

¥699元 / 限量500对

感谢您对我们的支持！
您将获得蝶恋花耳钉1对，主材为足银镀金，镶嵌珍珠、珊瑚。

图 2　价格不等的点翠饰品套餐

断优化，同时也出现了发展的阶段性领域不平衡现象。

我们或许无法追溯非遗和众筹首次联姻的具体时日，但可以确定的是，此前的数次尝试，的确让希望借助互联网平台实现自身保护和发展的非遗尝到了甜头。打开京东众筹网站上的"华彩非遗"众筹界面，正在众筹的 7 个项目中，6 个已完成众筹目标，其中，"宜兴紫砂壶"的完成率更是高达 488%。而淘宝众筹、苏宁众筹、众筹网等平台的项目完成率同样喜人，但即便如此，这当中不少的问题也需要我们思考。

首先，营销喧宾夺主。众筹最初是艰苦奋斗的艺术家们为方便自身创作筹措资金的途径，而如今却更多变成个人和初创企业为项目争取资金的渠道，其中更有甚者，自身已经具备一定的市场知名度，仍期冀通过众筹网站的认证，获得市场更广泛的关注。市场价 88 元的玉石雕刻印章，在某众筹网站上标价 68 元，无异于打折预售；号称"平台独家首发"的彩绘唐代仕女摆件，实则是随处可见的普通商品。过多营销元素的介入，使得非遗众筹的商业氛围十分浓厚，而独特性和稀缺性的缺失，诚然让这样的非遗众筹"变了味"。

其次，平台鱼龙混杂。目前，国内开设文化众筹业务的网络平台众多，其中不少还专门开辟非遗众筹界面以方便项目发起者和认筹者查看。众筹发起者需要自行在平台端填写信息并提交人工客服审核，而许多平台对于非遗项目的信息审核机制存在明显漏洞，这就导致"挂羊头卖狗肉"的事情时有发生。上文提到的"非遗大师手作宫廷点翠首饰"众筹项目，根据项目介绍，所有饰品均由国宝级花丝镶嵌大师张德生手工制作，但在中国非物质文化遗产网搜索后却没有找到关于此人的任何信息。

三、文化众筹有先例，理性看待利与弊

在"互联网+"时代，众筹的威力早已被业界所共知，其中，影视、音乐、游戏、出版在众筹领域是备受青睐的业态。纪录片《二十二》通过 32 099 人次认筹共募集到 100 万元，解决了发行资金短缺的难题，让这部本来只能在电影节和部分院线点映的影片得以进入院线公映，从而被更多观众看到；好妹妹乐队通过京东众筹发起"自在如风"北京工体万人演唱会的众筹项目，该项目最终筹得资金 200 余万元，超额完成众筹目标，为独立音乐人实现了登上"大舞台"的梦想；由 8 位京剧名家加盟、郭德纲鼎力助阵的京剧全明星众筹项目《龙凤呈祥》众筹提前满额结束，传统京剧与互联网众筹擦出了不小的火花……

但与影视、音乐、艺术展览等众筹项目所不同的是，非遗自身的特点决定了其在众筹形式和内容上与其他文化业态的差异。

一方面，尽管这些年来我国非遗保护状况已得到了明显的改善，但大量珍贵的非遗项目仍然面临着消亡的危险，因而对于非遗而言，保护比开发更迫在眉睫。而当前非遗众筹项目的重心更多围绕着知名度高、市场化运作效果良好的国家级非遗项目，忽视了那些活态传承困难、濒临消失的非遗项目。当然，众筹也并不是万能的，对于真正濒临消失的非遗项目来说，众筹也仅是临渴掘井，自身的"造血"和"思变"才是帮助自身走出困境的救命稻草。

另一方面，《中国众筹行业发展报告 2018》指出，2015 年至今，我国众筹行业的增长主要来源于权益众筹和物权众筹，股权型众筹的份额则在下降。在非遗

化遗产博览会

CULTURAL HERITAGE EXPO

主办单位:中华人民共和国文化和旅游部
　　　　　山东省人民政府
承办单位:山东省文化厅
　　　　　济南市人民政府
行单位:　　　文化　电新闻出版

众筹项目中，非遗衍生品占据了绝大部分，而这与现实需求存在着一定出入。从现实考虑，非遗项目的传承和保护涉及传承人的培养、传承人能力的提高、传承平台的建设、保护环境的改善、志愿者队伍建设等多方面内容，不应只局限于衍生品的开发等物权型众筹。

非遗众筹在我国仍处于试水阶段，众筹的内容与模式都有待进一步完善，商业化探索也存在着巨大的挖掘空间。不过，虽然目前非遗众筹仍存在着不少问题，但在未来，这一商业模式与非遗的深度结合仍然可期。

参考文献：

［1］搜狐理财.众筹在国内是怎么发展起来的.2016-03-15.

［2］搜狐财经.中国众筹行业发展报告2018：众筹的过去、现在和将来.2018-05-23.

［3］搜狐社会.网友质疑杀戮翠鸟，众筹"非遗点翠"招强烈批评紧急关闭.2018-06-29.

非物质文化遗产
传承与传播互促案例

非遗传播对保护和传承傣族慢轮制陶的重要作用

● 杨　雁[*]

　　古老的文明、优秀的传统文化，是中华民族的血缘标记，也是我们文化自信的来源。非物质文化遗产最大的特点是不能脱离民族特殊的生活生产方式，是民族个性、民族审美习惯的"活"的显现。它依托于人本身而存在，以声音、形象和技艺为表现手段，并以身口相传作为文化链而得以延续。因此，对于非物质文化遗产传承的过程来说，人的传承显得尤为重要。

＊　杨雁，西双版纳傣族自治州文化馆副研究馆员。

过去，傣族人民将陶器的运用融入生活的方方面面，在他们的生活中，陶器的影响无处不在。佛寺僧侣外出化缘盛放信徒布施的食品所托的钵，基本是陶器；在傣族一年的生活中，有诸多的宗教活动和滴水祈福的礼仪，佛爷和信徒用于滴水的器具，是陶器；生活中，煮食物的锅，盛水的罐，从水井担水回家的用具，都是陶器；大部分傣族村寨会在路边放置盛满水的陶罐，专门供过路人饮用。然而，随着现代化工业制品和生产生活方式的普及，大量外来文化和生产生活方式的涌入，人类曾经创造的历史文明和民间工艺在大量消亡，极大地影响和冲击着人们的传统观念和生活。中华民族五千年的优秀传统文化、传承了上千年的手工技艺，正在以前所未有的速度或消失灭绝，或异化变质，人们丰富多彩的生活逐渐雷同，如何保持文化个性与自信，保护与传承传统文化的重要性不言而喻。

2006 年 6 月，傣族慢轮制陶技艺入选第一批国家级非物质文化遗产保护名录时，西双版纳州 30 多万人口的傣族，坚持制作的艺人总数不足 10 人。瓷器是中国的伟大发明之一，在英语中，"瓷器"和"中国"的拼写法均为"china"，它是古代中国的名片。傣族的慢轮制陶产品，无论从器型还是材质与精美的瓷器相对比是如此的粗糙，但瓷器再精美，如果没有陶，就不会有瓷器的产生。人们习惯称以土为原料之一烧制的器皿为陶瓷，从称呼可见，先有陶后有瓷。所以，傣族慢轮制陶展示的不仅仅是一种产品，而是一种延续了四千多年没有中断的古老文化。傣族慢轮制陶技艺历经四千多年传承至今，毋庸置疑它是中华民族优秀传统文化中的一朵奇葩，在中华民族文化基因库里占有重要的一席之地，同时也是研究我国传统制陶历史文化的活化石。

一、傣族慢轮制陶技艺面临的传承困境

傣族慢轮制陶技艺被公布为国家第一批非物质文化遗产保护名录后，文化部先后拨款 50 万元专项资金对傣族慢轮制陶进行保护，保护工作如今已初见成效，传承人在渐渐增多，制陶艺人的经济收入也有所增加。在面对可喜局面的同时，这项技艺也面临着窘迫的困境。

（一）传统手工制作，效率低下

慢轮制陶技艺，是把和好的泥搓成条，采用泥条盘筑的方法在慢轮上筑成坯体，再用手或脚拨动慢轮转动调整器皿的器型，因此称为慢轮制陶。一位技术娴熟的传承人用传统的制作方法，中等大小的罐子一天能做 10 余个罐坯，如果制作的是比较大的器皿，一天制作的数量则更少，但使用电动拉坯机一天可以制作中等大小的罐子 60 余个。传统的生产方式限制了产品生产的数量，不能适应现代社会大批量产品的生产模式，为了改善生活条件、增加经济收入，项目保护单位要求传承人在收徒授艺时必须先教授传统的慢轮制陶技艺，电动拉坯机只能在生产时使用。这一措施虽然暂时延续了慢轮制陶技艺的传承，但长久来看，传统制陶方法的传承依然岌岌可危。

（二）缺乏市场销路，后继乏人

景洪市勐罕镇曼峦占村有一个由 8 位平均年龄 55 岁以上的傣族妇女组成的制陶群体，她们一直在坚持使用传统的慢轮制陶方式制作传统的陶器。由于年龄偏大没有文化，没有能力设计出适合市场的产品，加之她们自幼生活在农村，不善

于与外界沟通，所以这个制陶群体外人所知甚少，尽管她们制作的陶器器形工整、质量上乘，价钱低廉，却没有销路。面对传承与生活的困难，8 位妇女却体现出傣族人民勤劳坚韧的性格，依然执着地坚持着慢轮制陶的制作与传承。年轻人不愿意学习这些过时、费力又不赚钱的技艺，年老的传承人又缺乏文化与沟通能力致使陶器销售不畅，所以慢轮制陶技艺的传承出现一定程度的断代。

（三）生存环境改变，材料匮乏

慢轮制陶的主要原料为灰色、褐色或红色的黏土。随着农村城市化进程的加快，传承人的生活环境也产生了巨大的改变。过去制陶所用的黏土，在家、村寨的周边和自家的田地里随处可取，如今家的周围及村寨周边都矗立起了钢筋水泥的建筑物，过去的田地也多被征用或出租或种植经济作物，取土成为了制陶的首要难题，传承人们只能到处打听哪里有合适的黏土，采取购买的方式取得制陶用土。制陶艺人取土不再像从前那样便捷，缺乏陶土成为制陶最大的问题和困难。

曼飞龙村的艺人们现在只能到距离本村 10 余千米的曼改村，以 600 元左右一车（蓝箭农用车，约五六立方米）的价格购买陶土。曼飞龙村省级传承人玉南恩说，她前些年囤积了大概 17 车的陶土，到 2018 年年初这些囤积的陶土也差不多用完了，现在又购买了 3 车。同村的州级传承人玉问 2017 年购买了 6 车陶土，2018 年到 8 月为止购买了 3 车。以玉问为例，2017 年制陶收入 3 万余元，除去购买陶土、烧陶的柴火等费用，所剩无几。省级传承人岩罕滇父女居住的景洪市江北曼阁村处于城乡接合部，他们所面临的陶土缺乏问题比曼飞龙村更为严峻，购买陶土需要到距离更远的地方，如勐罕镇、勐龙镇，甚至勐海县。除了直接出资购买陶土，岩罕滇的女儿玉章凤还四处打听有没有村寨百姓家需要挖鱼塘的，她租赁挖掘机免费帮忙挖，挖到适合制陶的陶土就作为给她的报酬。制陶取土难，在今天的西双版纳是大部分传承人和民间艺人的普遍难题。

（四）现代化生活方式的冲击

慢轮制陶的传统产品有进行宗教仪式时使用的滴水壶、僧侣化缘所用的钵、佛寺建筑装饰以及日常生活所需的水罐、煮食用的土锅等。如今的宗教仪式上，傣族百姓为了方便，大部分都改用矿泉水瓶或其他更为轻便的器皿进行滴水；僧侣化缘不再使用笨重易碎的土钵，而改用轻便不易碎的金属钵；普通百姓家中也不再用土锅煮食，都用上了现代化的电饭锅、高压锅等炊具。科技进步和生活方式的改变，凸显出了慢轮制陶产品的不适应，现代化且兼具美观实用的各种生活用品的大量出现，对传统陶制品的生存造成了巨大的冲击和威胁，传承人为了适应市场和现代社会美观实用的要求，只能对产品进行改进。

以居住在景洪市江北曼阁村的云南省级传承人岩罕滇为例，岩罕滇家世代制陶，他师从父亲，从小便学习制作陶器。除了制作生活用的陶罐等器皿，岩罕滇更擅长制作的是佛寺建筑装饰用品及礼佛用品。岩罕滇的女儿玉章凤继承了父亲的制陶手艺，除了制作传统陶罐，她还在父亲的指导下恢复制作爷爷和奶奶留下的宫廷御用陶罐。后来，玉章凤根据西双版纳的地域特色、民族特点，融合过去傣族宫廷所使用陶器的风格及泰国、缅甸等周边国家傣泰民族的特色风情，设计制作出造型独特，具有民族特点、异域风格的陶制品。2012 年，岩罕滇和女儿玉章凤注册成立了博宫沙湾手工作坊，父女俩分工明确，父亲岩罕滇负责制作佛寺建筑装饰，他制作的如麒麟、大象、孔雀、凤凰等取材于宗教和神话题材的形象，受到当地傣族百姓和寺庙建筑者的青睐，甚至有泰国、缅甸、老挝、昆明等地的人前来订购佛教建筑装饰。女儿玉章凤则负责设计制作生活家居用品，产品远销英国、美国、日本等国家，岩罕滇家的手工作坊年纯收入达到 30 万元以上，是西双版纳非物质文化遗产生产性保护的突出代表。

二、非遗传播对保护和传承傣族慢轮制陶的重要作用

随着国家对非物质文化遗产保护的重视和大量资金投入，政府及新闻媒体对非物质文化遗产知识的宣传普及，全社会对非物质文化遗产的关注，傣族人民认识到民族传统文化、传统技艺的重要性，传承人们也意识到了自己肩上的责任。

2004 年 8 月，中国正式加入联合国教科文组织《保护非物质文化遗产公约》，过去的民族传统文化保护和国际接轨，称为非物质文化遗产保护，标志着具有 5 000 年不间断文明传统的现代中国，将进一步保护自身拥有的非物质文化遗产的工作，全面上升为国家意志。2006 年 6 月，经西双版纳州人民政府申报，傣族慢轮制陶技艺被国家列为第一批非物质文化遗产保护名录，自古以来自生自灭的民间技艺，进入了国家保护的名录。

2006 年 6 月 10 日至 16 日，文化部在北京举行"中国首届非物质文化遗产技艺大展"，西双版纳由制陶艺人玉勐前往参加。玉勐在技艺大展上展示了制陶技艺，她带去的 20 多件土陶产品在展览临结束前一天开始销售，当天就以高出西双版纳本地 10 倍的价格被参观者抢购一空，体现出了非物质文化遗产产品应有的经济价值。

随后，CCTV–10 科教频道在黄金时段对慢轮制陶进行了专题播出，在中央电视台、部分地方电视台及众多媒体的宣传和介绍下，因为地处偏远，这项曾经"藏在深闺无人识"的即将灭绝的技艺逐渐进入人们的视野，开始引起大众的关注。

随着文化部专项保护经费的下达和保护工作的开展，自生自灭的民间技艺传承得到了重视，开始焕发新生。

从 2010 年起，项目保护单位西双版纳州文化馆非遗保护部的同志，先后到景洪市曼飞龙村和勐海县曼朗村以本村及周边傣族村民为培训对象开办传承人培训班，培养了傣族慢轮制陶技艺传承人近 200 人次。经过培训，学员们了解了慢轮制陶悠久的历史和传承保护的重要作用，并基本掌握了全部的制作技术。但是，由于土陶市场不好，制陶收入微薄，培训结束后能加入传承队伍的学员寥寥无几。

2012 年 2 月，在《文化部关于加强非物质文化遗产生产性保护的指导意见》下发之后，西双版纳州文化馆专门在景洪市勐龙镇曼飞龙村举办以本村学员为主的"傣族慢轮制陶技艺传承人暨生产性保护培训班"。聘请云南师范大学美术学院的王芳教授为学员授课，在秉承"传承不守旧、创新不忘本"的理念下，根据西双版纳旅游市场的需要，帮助他们设计制作了盛放普洱茶的陶罐、花盆、灯台、摆件等 20 多个土陶品种。

为了加强傣族慢轮制陶技艺的传承及保护，2009 年至今，项目保护单位西双版纳州文化馆利用文化部傣族慢轮制陶技艺专项保护经费，开办传承人及生产性保护培训班 4 期，培训学员 200 余名，使傣族慢轮制陶技艺的传承情况得到了有效改善。

社会需要进步，科技需要发展，但急剧变革的社会，日新月异的科技发展，以及网络让世界变为地球村的时代背景，造成了民族文化个性的丢失、变异，如何解决这一矛盾，是摆在我们面前的难题，而没有文化个性的民族必将消失在历史的洪流中。

江湾面花的传承与传播

● 戚依平 *

面塑，又叫面花，流传于全国多个地域，是中国极具特色的传统民间艺术之一。面塑这门古老又年轻的传统民间艺术，犹如一朵盛开的奇葩，以其雅俗共赏的独特魅力，出现在灿烂的文化艺术舞台上。上海江湾地区的民众自古就有使用面花的习俗，明代景德观赛会期间，附近乡村香案上皆供奉各种面花，逢年过节，婚丧嫁娶等也制作面花。

但在当下这个机械生产逐渐代替手工生产的时代，有些传统手工艺正在渐渐消失。可是有一些人，他们却有着老手艺人的执着，一心想把传统工艺发扬光大，他们的工作方式看似与新兴企业格格不入，但是他们用技艺延续着传统手工艺的生命，并根据当下社会需求，在传统基础之上加以创新，赋予其新的活力。马家面塑创始人戚依平正是这些手艺人中的一分子。

一、积极开展传承传播活动

为传承、弘扬面塑文化，江湾面花手艺人积极开展传承传播活动。

自 2007 年起，江湾面花先后在徐汇区文化馆、杨浦区文化馆、杨浦区图书馆、

* 戚依平，上海市杨浦区非遗项目江湾面花的传承人。

各届民博会、世博会、上海教育博览会、上海展览中心、上海国际展览中心等举办江湾面花面塑展和面塑互动活动。

2007 年，在杨浦区文化馆的建议和帮助下，戚依平放弃了淘宝的生意，开始在社区和学校授课，让更多人接触并了解面塑。戚依平认为，非遗传承与传播必须增加受众面，只有让传统艺术走向群众，走进人们生活，古老的手工艺才能被重新盘活。

2008 年，以戚依平为带头人的"江湾面花（马家面塑）工作室"在新江湾城街道正式挂牌。工作室除致力于传统面塑制作技艺的传承外，还积极开展面花进社区、进校园等非遗传播活动，扩大非遗受众群体。2011 年戚依平被评为杨浦区江湾面花非遗代表性传承人。

2010 年，戚依平在三民馆开办沪上首家面塑实体体验店，教授小朋友捏面人，让小朋友们通过亲自参与提高动手能力，通过设计构思提高创新能力，通过作品展示提高语言表达能力。她认为，面塑不是小众、过时的手工艺，更是一种生活方式，蕴含着生活乐趣，她希望让更多人来玩面塑，享受玩面塑的过程，享受面塑所带来的快乐的生活方式。另外，面塑使用材料多为可食用面粉，通过面塑让面食有更多造型，也能丰富大家的餐桌饮食。如今，戚依平的面塑体验店越来越受欢迎，或是体验，或是定制，在很多买家看来，这是值得永远收藏的艺术品。

2011 年，戚依平编撰出版《面塑技艺》一书，以及配套的视频教程，成功举办个人面塑展。同年，她被上海市杨浦区文化局授予"非物质文化遗产江湾面花代表性传承人"称号。

　　传统手工艺是中国文化的传家宝，而作为非遗传承人，戚依平希望能通过体验制作、交流互动等多种形式，让更多的人零门槛、无障碍学习非遗项目，让非遗走进更多人的生活，让传统手艺成为一种生活方式。以保护促发展，以发展助传承，非遗的传承与传播不仅有助于保护中国的传统文化，也让更多的国人及国外友人了解中国的传统文化，并将其发扬光大。为了不使传统的文化艺术在日新月异、高速发展的世界中消失，不让其在科技社会中被遗忘，非遗传播工作任重而道远。

二、传承＋创新，探索面塑发展新路径

如何让非遗更好地走进生活、焕发新活力，是当下非遗从业者需要思考的问题。戚依平做了很多思考与实践。

（一）传统面塑换新颜

戚依平认为，在消费市场，传统面塑形象不贴切当下生活，喜欢的人不多。近些年出现的黑猫警长、小猪佩奇等动画人物造型尽管红极一时，却也千篇一律，无特色可言。为改变这一尴尬现状，戚依平另辟新径，为传统面塑换新颜。她以公公婆婆为原型，塑造一对卡通小人形象，深受消费者欢迎。在此启发下，戚依平开始定制个性化人物面塑。2005 年，戚依平在淘宝开小店，用传统手艺定做面塑卡通真人像，淘宝店的营业，为面塑的传承与传播聚集了一拨潜在的年轻爱好者。

（二）传统面塑新用法

艺术源于生活，又回归生活，戚依平的面塑艺术也不例外。为激发女儿对物理学科的兴趣，她开始探索如何让面塑与教育相结合，将面塑融入物理教学当中，并以做游戏的方式，让复杂的理论知识简单化。

戚依平利用自己丰富的理科知识和 STEM 的教育理念，通过多次实验与研究，终于让面团导电，做各种有趣的电路图。此外，她还申请了专利——导电面团，利用导电面团进行教学活动，一方面可以增加趣味性；另一方面还可以增加孩子们的物理常识，寓教于乐，深受孩子们的喜爱。

戚依平不仅要把 STEM 的教育理念用到面塑教育中，更希望大家在快乐中学习，在快乐中成长，在快乐中传承非遗文化。她希望在做面塑的过程中，通过视觉让孩子看到知识的原景、通过触觉让孩子触摸到知识的脉络，通过听觉让孩子倾听到知识的声音，通过嗅觉让孩子感受到知识的气息，通过味觉让孩子品尝到知识的味道。

（三）探索面塑发展新形式

面塑 + 中药。除了导电面塑外，戚依平还将面塑与中药香疗养生结合。她将中药做成花泥，用面团做成仿真花，或者将中药打成粉与面团和在一起做成花瓶，上面再做花点缀，一盆盆中药面花做出来完全是视觉和嗅觉的双重享受。由于中药面花特别适用于老年人，戚依平还专门开设了"养生花卉"和"养生多肉"的课程。

面塑 + 其他艺术。戚依平认为，面塑不只是小玩意，它可以作为载体用在教育中、生活中，也可以作为高大上的国礼。2017 年，她有幸出访比利时布鲁塞尔，其书法面塑作品《生肖福》和京剧面塑作品《生旦净末丑》被作为国礼收藏。目前戚依平已经开发了书法面塑、剪纸面塑、真人像面塑、电子面塑、养生花卉面塑、传统经典面塑等。另外，他们的团队继创作"老上海旗袍风情"后又开始设计展现老上海人文特征的游戏面塑，如作品中的小弄堂场景，活灵活现地体现出老上海的独特风味及魅力。

面塑 + 科技。传统的手工艺是瑰宝，更是独特的民族文化。戚依平希望在传承优秀的传统工艺的同时，也要为其发展提供新语境，做好理念创新。为此，她又开设了将科技与艺术结合起来的全新课程——"活力面塑"，希望通过自己的努力让更多的人了解传统手工艺。一方面与体验式的客户感受相结合；另一方面与现代科技与生活需求相结合，让传统手工艺在新的时代背景下，迸发出新的闪光点。

三、专业化经营，助力面塑传播

2014 年年底，戚依平辞去外企工作，全职投入面塑事业中。同年，创立上海藤依文化传播有限公司，任公司董事长和总经理，创立马家面塑品牌。自此戚依平正式成为马家面塑的创始人，谱写一个新时代手工艺人的传奇。

非遗的特性决定了非遗的价值并不是通过短期的经济指标和其他指标所能全部体现的。因此，近年来，上海开始切实落地政策，真正地帮助传统工艺企业，确保其有效地传承传统文化，获得更多长远的经济效益和文化综合收益。戚依平创办的上海藤依文化传播公司自成立后，在杨浦创业指导中心支持下，通过项目评审，免费入驻杨浦区国定东路 200 号 1 号创业园区楼晶创空间，并完成了创业的第一步：产品开发和设备配置。平台有机械设备、电子加工设备，以及高低温实验箱。戚依平利用创业平台的高低温箱，成功研发出部分具有最佳配方的材料，让面塑作品能延长保质期，进而达到永久保存的目的。

对于公司的经营，戚依平有一套自己的体系。一方面，戚依平招募一些喜欢传统文化、爱好手工的年轻人。她认为年轻人有新想法、新创意，可以为非遗发展注入新的活力。此外，戚依平向员工传授面塑技法，同时又进行等级考试，以区分出不同级别的匠人和不同级别的讲师。匠人负责接单做产品，讲师负责授课等。这种尝试让马家面塑在传承、创新手艺的同时也解决了一部分人的就业问题，公司上下合力研究，希冀非遗绽放出绚烂的光彩。另一方面，戚依平利用自己的强项——技术，开发各种不同需求的课程。公司的重心就是研发课程、研发产品。营运和销售主要是与合作方合作，对方负责接单、推广，她负责研发、策划、制作、授课，在开发及创新中传承非遗文化。专业化、规模化的经营管理模式，为马家面塑的传播发展提供了更好的平台。

同时，为了感恩社会，上海藤依文化传播有限公司举办了很多公益活动，特别是特殊学生的公益课程。戚依平在虹口特教中心教学已 3 年，培养特殊学生 60 余人，帮助学生掌握一门技能，提高生存能力。

当下，社会大众对非遗的关注度越来越高，"非遗热"日渐增温。2018 年政府工作报告中也指出：要加强文物保护利用和文化遗产保护传承。戚依平认为，尽管很多传统的民俗文化，随着社会的发展变迁与生活渐行渐远，但像面塑这种沾染过岁月痕迹、万物生命气息和手艺人智慧与情感的技艺，终不会被时光辜负。面塑，是对过去的一种回望，也是一种时光的纪念。她将尽己所能把面塑发扬光大，这是对历史的另一种理解与尊重。

话说"怀化有戏"——传统戏剧类非遗项目保护利用的调研与思考

2017 年，有位非遗专家来怀化考察时对笔者说："其实怀化有个好东西，怀化的戏在全国都算得上比较多的。"当时，笔者心里想可不可以宣传"怀化有戏"品牌？

后来，文化部要求报送国家级非遗名录传统戏剧保护成果，文件提到全国有162 项国家级项目，怀化有 6 个项目需报送材料。作为一名非遗工作者，很想借此做个系统调研，特撰写此文，希望引导更多人士对"怀化有戏"品牌的了解和呵护。

戏剧是中华艺术的瑰宝，具有悠久的历史、独特的魅力和深厚的群众基础，是表现和传承中华优秀传统文化的重要载体。怀化是目前湖南省拥有国家级非遗名录传统戏剧类项目最多的市州，在全国占有的分量让人几乎颠覆对怀化戏剧的认识。怀化戏剧，大戏小戏都有分布，戏里戏外都显精彩。其中"辰河目连戏"曾获得联合国教科文组织专项计划支持。

一、戏内坚守，戏外传播

近年来，怀化市委、市政府按照"保护为主、抢救第一、合理利用、传承发展"的非遗保护工作方针，先后开展戏剧调查记录、保存研究、传承传播等保护性活动，调动传承人和演员们的积极性，怀化传统戏剧保护成绩斐然。

据统计，2006 年以来，怀化市 6 个国家级非遗传统戏剧项目单位，排演、整理、挖掘的整体性传统剧目有《黄金印》《观花教子》《蛮八郎买猪》《刘媄》《哑女告状》等 29 部，其中 27 部剧目有演员能演出。怀化全市排演、整理、挖掘的折子戏有《赶集》《双拜月》《刘氏回煞》《杨皮借铧子》《洗罗裙》《盘花》《松林试道》《过滑油山》《搬郎君》《开洞请戏》等 46 部，其中 40 部折子戏有演员能演出。

怀化市委、市政府更是将全市 170 名市级非遗代表性传承人每人 3 000 元补助纳入财政预算。各县市区也不断加大非遗保护投入，如新晃县人民政府每年预算不低于 300 万元用于文化遗产及民族民间传统文化保护，其中有 60% 以上用于非遗田野调查、保护研究、开展活动、实物收集、人才培养、交流传播、整理提升以及数字化建设等。该县投资在天井寨修建鼓楼式戏楼，使"咚咚推"有了专门的演出场所；现四路村每周三天排演傩戏形成常态；天井侗族傩戏班还赴浙江乌镇参加了第三届国际戏剧艺术节；2017 年新晃 50 周年县庆中，傩面具表演就是一出重头戏；沅陵以县政府名义出台保护巫傩文化健康发展文件，在全县成立十几个巫傩文化挖掘保护研究组织和表演团体。

因为戏好，所以坚守。有关县市区戏剧保护传承中心、国有院团以及民间剧团常年开展戏剧"传帮带"活动，涌现一批坚守戏剧岗位的老艺人、名艺人，吸引一批年轻艺人加入戏剧队伍。正如戏剧艺人说的，戏就是我们的心头肉！

我们也可以把怀化戏剧中蕴含的传统道德观念和人格理想予以现代性的诠释，着意彰显正面人物的人性之"善"和人格之"美"，并借助起伏跌宕的唱腔旋律，个性鲜活的宾白对话和富有象征意义的肢体语言，让现代人提升到理性层面上的接纳、认识，直至高雅享受！

二、传承为本，传播有招

参天之木，必有其根；怀化有戏，传承为本。近两年来，怀化市委、市政府在做活非遗传统戏剧传承与传播方面，可谓是下足了功夫，保护了非遗的生命力，形成了怀化戏剧持久传承之样本。

（一）融入现代生活的展演是传统戏剧保护发展的关键

"生命在于运动，文化在于活动"。近年来，怀化专业剧团每年累计开展送戏下乡800场次左右，市直和13个县市区累计开展非遗进校园展演展览活动260多场次，这些为戏剧活态传承增添了新动能。溆浦县辰河目连戏传承保护中心年演出最高达300场、送戏下乡80场次。辰河高腔代表性传承人石兰英，自2016年退休后，仍坚持教徒传艺，组建辰溪县田湾镇高腔协会，组织当地传承人发掘经典高腔曲牌几百个，辰河高腔低、昆、锣鼓经典整套。通道每年举办侗戏展演。

沅陵县正在加紧筹备湖南沅陵辰州傩文化节。

通道坪坦乡中心小学、靖州职业中专等 10 所省级非遗传承学校非遗进校园活动形成常态。市文体广新局、市教育局联合开展"非遗进校园"活动，将实验小学确立为市非遗保护中心的试点单位，组建了小小阳戏演员班，传统戏剧由"进校园"变"驻校园"，起到了传统文化进校园的示范带动作用。

传统戏剧"走出去"成为香饽饽。2017 年以来，怀化的非遗传统戏剧有鹤城上河阳戏、目连戏、傩戏等 20 多个非遗项目分别赴法国、非洲、泰国、韩国、意大利及国内山东、义乌等地博览会展示展演。

（二）推进"一竿子到底"的戏剧平台建设

2017 年，怀化市单设了非遗保护中心，并计划在鹤城区投资 3 000 多万元建立公共戏台，力争 2020 年前城区内新建市区级、街道级、社区级三级文化广场与公共戏台。全市 13 个县市区着力推进文化馆、图书馆、博物馆、体育馆和影视中心等"四馆一中心"建设。全市明确建设项目 53 个，总投资 27.29 亿元，总建筑面积 49.24 万平方米，目前，已完工或基本完工 30 个。乡镇（村）强力推进村、社区综合文化服务中心建设。到目前为止，村、社区综合文化服务中心建设项目开工数 2 412 个，约占总任务的 90.7%，完成数 2 299 个，约占总任务的 86.4%，其中按照"七个一"建设要求，全市村村都建有戏台。

非遗传习基地建设正在竞相崛起。通道成为全国首批 100 个国家级非遗项目生产性保护示范基地之一。目前，怀化已建成新晃傩戏"咚咚推"、溆浦目连戏等 21 个传习所（基地），在建有沅陵辰州傩面具展馆、会同县连山斗牛舞、神农裸祭传习所等 15 个传习所（基地）。此外，形成了一批传统戏剧研究成果，怀化市专家学者出版了《辰州傩戏》《湘西傩戏杠菩萨》等 10 余部有关怀化传统戏剧的书籍。

（三）实施"一篮子叠加"的传承人群培训计划

怀化市文体广新部门增设非遗管理人员，建立非遗传承人年培训机制、"传帮带"培育机制和"引进来，走出去"机制。

怀化学院入选 2017 年文化部、教育部中国非物质文化遗产传承人群研培计划高校名单。自 2017 年开始，每年都要开展非遗传承人群培训。

溆浦县文化旅游局、县人社局、县教育局、县职业中专联合招考，招到 30 名目连戏传承人，其中年龄最大的 17 岁，最小的 12 岁，他们在溆浦职业中专就读，给目连戏的传承带来了新的生机。新华社以"中国戏剧'活化石'目连戏有了'00

后'传承人"为题作了报道。省文化厅非遗处领导感慨"一招又可以顶上几十年、数百年"。

2018年年初，为期半个月的"五溪记忆·匠心意蕴"非物质文化遗产（传统戏曲）展演系列活动在怀化市产生良好反响。怀化市"非遗作伴好还乡"服务乡村振兴文校联盟工程正在加紧实施，使之成为非遗工作新优势、新品牌。

三、擦亮戏剧名片，讲好怀化故事

怀化传统戏剧"四梁八柱"品牌已经渐成型，"四面八方"影响亟待加强。

目前，见诸报端的江西抚州曾提出打造"中国戏都"。抚州现有国家级非遗项目传统戏剧乐安傩戏、南丰傩戏、宜黄戏、孟戏和采茶戏共4类戏、5个国家级项目、4名国家级传承人；而怀化有国家级非遗项目传统戏剧侗族傩戏、辰州傩戏、高腔、阳戏、目连戏、侗戏共6类戏、6个国家级项目、6名国家级传承人。

从武陵山片区市（州区）来看，怀化拥有的国家级非遗传统戏剧名录数量也居领先位置。我们理应有文化自信、戏剧自信来做活"怀化有戏"文章，构筑怀化戏剧品牌。为此，提出如下建议：

（一）凝聚振兴怀化传统戏剧共识

增强怀化传统戏剧服务全省"一带一部"、全市"一极两带"建设的预见性、战略性和主动性，为加快把怀化建设成为湖南的西南门户和新增长极提供文化支持、讲好怀化故事。以抓实具体项目的做法，落实中共中央办公厅、国务院办公厅《关于实施中华优秀传统文化传承发展工程的意见》、国务院办公厅《关于支持戏曲传承发展若干政策的通知》精神,努力建设传统戏剧保护发展示范区、精品创作繁荣区、传播普及优异区和演艺产品活跃区。适时举办"一带一部"怀化国际戏剧艺术节、武陵(怀化)戏剧论坛,使之常态化运行。

(二)集智推进怀化戏剧品牌建设

第一,推动戏剧创作由"单打独奏"到"集智取胜"。花大力气支持怀化戏曲剧本创作和大型剧目彩排,拓展创作源泉和人才视野,实现"征集新创一批、整理改编一批、买断移植一批"。始终树立信心,向"戏剧晋京、跻身国家戏曲晚会"这一目标努力。完善和实施抢救性记录和保存,做好戏剧"像音像"、名家收徒传艺、折子戏录制、"大中小学唱大戏"等工作。

第二,实施演艺品牌"走出去"战略。升华"六大戏剧"主题,推动其创新性发展、创造性转化。比如,建立怀化戏与"一带一路"沿线国家、沿线城市的戏缘关系,建立"双向"演出机制。争取戏剧界元老、中外明星为"怀化有戏"代言。过去认为"八竿子打不到一撇"的事,在"互联网+"、高铁、口岸建设等新模式下就有了实现的可能。

第三,重视非遗知识产权保护。设立知识产权法律顾问,简化知识产权保护申报程序,为有创意念头和创意成果的戏剧人才和相关企业打消被盗版、被侵犯的担忧。

(三)将戏剧文化融入特色街区规划

所谓"一千个观众眼中有一千个哈姆雷特"。让戏剧打动观众、形成品牌,需要聚集戏剧精髓、展示戏剧奇迹。在引进战略投资时,前瞻考虑"怀化有戏"

条件。比如，在特色街区与文化园区建设中，为组建戏剧演艺联盟、戏剧创意转化、戏剧对外交流、戏剧产品开发提供有档次的空间布局。筹备好项目、形成大项目，还有争取中央文化产业资金的支持，抓住挤进"十三五"时期文化旅游提升工程的机会。

加快打造戏剧创意转化的拳头产品和标杆项目。发挥怀化学院、怀化职院等多所大中专院校的积极性。依托工艺玻璃、石雕、铜雕、侗锦、糖画、白蜡、雕花蜜饯等现有传统工艺优势，分类实施包括戏故事、戏人物、戏道具、戏脸谱、戏服饰等元素在内的"戏演艺、戏产品、戏动漫、戏音像"四项开发工程，在街区形成产业链，如重视"怀化戏台"文化挖掘。据初步统计，怀化市13个县市区保存下来的包括芷江天后宫、高椅古居、龙兴讲寺、荆坪古村、通道坡城等在内的文化内涵的大小古戏台共200多个，洪江古商城就有"48个半戏台"记载。诸如对联"问生意如何打得开收得拢，看世情怎样醒得少醉得多"等若干戏台方面的文化值得研究，将怀化市戏台原始图片、原味对联、关联故事集中起来进行展示，将会产生创意效应和拉动效应。

（四）跟进非物质文化遗产设施建设

目前，怀化周边的非遗设施建设都在竞相推进，有的市州已经建成大型非物质文化遗产展览馆。各级政府抓住怀化投资20多亿元全面建设城乡公共文体设施契机，统筹考虑非遗设施预留，为传统戏剧提供相匹配的设施，为保护好、传承好、发展好怀化戏剧事业夯实基础，让"怀化有戏"拨动世界心弦。

浅谈杭州评词在非物质文化遗产保护视野下的复苏

● 陈睿睿 *

　　杭州评词，俗称杭州小书，主要流传于杭州市区及周边区域，是由演唱者自奏乐器说唱的一种曲艺形式，2008 年被列入第二批国家级非物质文化遗产代表性项目名录。由于它的受众面较小，且传播地域狭窄，20 世纪 60 年代前中期受时局影响，即开始走下坡路，90 年代后几乎绝响于舞台，很快消失在人们的视野里，所以绝大多数杭州本地人都不甚了解，有的连听也没听说过。

　　2003 年 10 月，联合国教科文组织在第 32 届大会上通过了《保护非物质文化遗产公约》，我国也于 2005 年连续下发了《国务院办公厅关于加强非物质文化遗产保护工作的意见》和《国务院关于加强文化遗产保护的通知》，更于 2011 年在全国人大上通过了《中华人民共和国非物质文化遗产法》，"非物质文化遗产"这一外来词被学界乃至群众所认识和理解。至此，在传统文化全面复苏的今天，人们对非物质文化遗产保护的认识越来越提高，杭州评词在非遗保护工作的挖掘与传播下，也逐渐重新受到外界的重视与关注。

一、杭州评词在非遗保护中的革新突破

　　杭州评词的恢复与原浙江省曲艺家协会主席、浙江省非遗保护专家委员会专

* 陈睿睿，杭州市非物质文化遗产保护中心馆员。

家马来法老师的关心和帮助密不可分。他常召集众多从事浙江曲艺的专家们共同商量探讨如何恢复一系列浙江的濒危曲种，在多次座谈后，发掘并决定尝试恢复杭州评词。近年来，在马来法老师的帮助及省内各曲艺界人士的共同努力下，采取了一系列有效措施，取得了一定成效，为杭州评词的传承发展作出了积极贡献。

（一）注重人才培养，填补传承空白

为了让杭州评词恢复后更具活力，在马来法老师的建议下，大胆起用年轻人才挑起传承的重任，挑选了杭州滑稽艺术剧院的年轻骨干演员——贺镭作为杭州评词的继承者。在没有传承人、没有专业导师的困境之下，在马来法、李自新、王宝善等接触过评词、了解过评词的老专家与老艺人指导下，贺镭虚心学习，一字一字地学，一句一句地磨，最终掌握了评词声腔曲调的演唱方法。接着，又观看了杭州评词老艺人留下的资料，阅读了相关图书材料，并且去到茶馆书场观摩了杭州评话老艺人的表演手法和演出环境，还从姊妹曲种苏州弹词中汲取养分，在意识上描绘出杭州评词演出的大致形态。因此，在尊重传统、继承传统的基础上，贺镭对杭州评词的传统表演方式和唱腔曲调都作了相对的发展、创新，使用现代语汇，插入时新噱头，包括尝试使用民乐队伴奏，真正做到了较高质量的活态传承。

（二）依靠专家指导，重燃艺术魅力

杭州评词的书目每一个回目都比较长，无法应对现代人快速的生活节奏，要想重新恢复上演传统书目，话本的适当压缩是首当其冲的考虑对象。因此，杭州滑稽艺术剧院通过邀请专家的指导和帮助，重新编排整理了杭州评词的传统书目，得以在观众视野中重新登上舞台。如在杭州评词传统书目选回《白蛇传·断桥初

相会》当中，白蛇与许仙从相会到成亲需要两个回目才能说完，一个回目说一个晚上，需要几个小时，为了让观众能接受曲本，适应现代快节奏的生活习惯，急需压缩曲本，提炼精华。因此，特别邀请马来法老师对杭州评词传统书目《白蛇传》进行整理和改编，在保证本曲种的艺术风格特征的基础上，做了很大的扬弃工作，删去了许多无关紧要的人物和场次，具象到白蛇、小青、许仙三个人身上，局部描绘白蛇和许仙两个人的相会、相恋到结亲，短短十几分钟就可以连唱带说包括做、表轻松说明问题，现已完成第一、二、三回改编。

在声腔方面，杭州评词原有的音乐是一个演员一把二胡那样超凡脱俗、静谧淡雅的演唱。假如直观地摆在当下几近浮躁的社会风向面前，观众群体无法安静地坐着或站着倾听。如果进社区演出或下乡巡演，完全可能被台下谈论吵闹的声音盖住，这便失去了演出的意义。基于这个矛盾，为了丰富杭州评词的音乐性，增强其音乐感，特邀请掌握杭州评词曲调的杭剧非遗传承人汪谊华老师辅导唱腔。同时，与王与昌老师合作，加入了更加丰富多彩的音乐伴奏，极具艺术感染力，填补了评词声腔伴奏过于简易的缺憾，乐曲前奏一起，就能让人陶醉到戏情当中去。在说书的技巧处理与学习上，浙江省非遗协会曲艺专家委员会常委副主任魏真柏老师，在说书关子的设置、噱头的处理上，以及说书中人物"跳进跳出"的转换等许多技巧性处理上对传承人进行理论辅导。同时，去苏州评弹书场听书，在其中寻找说书人的感受，理论与实践相结合慢慢融入角色中。

（三）加强宣传展示，推进社会影响力

非遗的传承与传播，离不开必要的宣传。杭州评词的演员们通过展演、进校园、

进社区等多种形式，让越来越多的人感受到杭州评词的艺术魅力，了解其文化独特性，进而提高杭州评词的社会知名度和影响力。

从 2014 年至今，杭州评词得以恢复演出的登台场次共计 40 余场，并荣获了不少奖项。例如，2015 年，贺镭表演杭州评词《白蛇传（选回）·断桥初相会》荣获 2015 年"非遗薪传"——浙江省曲艺展演展评活动金奖；同年还荣获了 2015 年浙江省第五届曲艺杂技魔术节作品奖、表演银奖；2016 年，杭州评词《白蛇传》入选杭州市文联重点文艺创作扶持项目；2017 年，贺镭的杭州评词《白蛇传》曲艺文本入选国家艺术基金 2017 年度资助项目（青年艺术创作人才资助项目）等。

在 2016 年 12 月举办的"钱塘余韵"杭州地方戏曲曲艺非遗项目展示——杭州评词专场中，贺镭通过成品节目的展示，并特邀马来法老师结合节目做生动地讲解，同时邀请观众参与登台模仿表演、现场提问解答等互动环节，让群众零距离感受杭州评词独特的艺术魅力。2017 年 4 月，贺镭到尚青书院，面向新世纪外国语学校学生，做国学体验杭州评词专题课。

2017 年，为全面促进浙江省曲艺的传承保护和创新发展，展现杭州曲艺的独特魅力，并响应浙江曲艺"三进"（进校园、进社区或进企业、进农村文化礼堂）活动的开展，由杭州市文化广电新闻出版局主办，杭州市非物质文化遗产保护中心、杭州滑稽艺术剧院承办的杭州市曲艺"三进"活动，分别于 8 月 13 日在富阳渌渚镇新港村（进农村文化礼堂）、8 月 20 日在余杭区运河街道螺蛳桥（进社区）、9 月 23 日在浙江省水利水电学院（进校园）开展曲艺"三进"活动。在此次"三进"活动中，贺镭分别在三场演出中为百姓们上演了《白蛇传·许仙成亲》《白蛇传·断桥初相会》等优秀的成品节目，参与观众共计约 2 000 余人。

据不完全统计，从 2013 年至 2017 年，杭州评词登台演出情况统计见表 1。

表 1　2013—2017 年杭州评词登台演出情况统计表

年　月	演　出	演出节目	场次
2013 年 12 月	杭滑曲艺传承非遗考核	杭州评词开篇《西湖景致妙不同》	1
2014 年 1—12 月	万场文化进基层活动	杭州评词开篇《西湖景致妙不同》	2
2014 年 1—12 月	杭州市文化惠民文艺演出	杭州评词开篇《西湖景致妙不同》	1
2014 年 1—12 月	送戏进社区文艺会演	杭州评词开篇《西湖景致妙不同》	1
2014 年 12 月	杭滑非遗传承拜师仪式暨传统戏剧曲艺汇报考核	杭州评词开篇《西湖景致妙不同》	1
2015 年 5 月	娃哈哈双语小学举办的传统戏曲曲艺进校园活动	《白蛇传·断桥初相会》（第一回）	1
2015 年 5 月	2015 杭州市"西湖之春"艺术节杭州市传统舞台表演艺术巡演、凤凰文创小镇市集活动	《白蛇传·断桥初相会》（第一回）	1
2015 年 8—10 月	"非遗薪传"——浙江省非遗曲艺展演展评活动	《白蛇传·断桥初相会》（第一回）	1
2015 年 9 月	纪念中国人民抗日战争暨世界反法西斯战争胜利七十周年"铭记历史·同心圆梦"综艺专场	《白蛇传·断桥初相会》（第一回）	1
2015 年 9 月	2015 浙江省第五届曲艺杂技魔术节	《白蛇传·断桥初相会》（第一回）	1

续表

年　月	演　出	演出节目	场次
2015 年 11 月	浙江省非遗协会曲艺专业委员会等主办的"文化惠民半岛行"	《白蛇传·断桥初相会》（第一回）	1
2015 年 11 月	第十三届中国宁波·象山海鲜美食节暨 2015 象山县非物质文化遗产精品文化走亲活动	《白蛇传·断桥初相会》（第一回）	1
2015 年 12 月	第三届新春欢乐颂滑稽喜乐会专场演出	《白蛇传·断桥初相会》（第一回）	1
2015 年 1—12 月	万场文化进基层活动	《白蛇传·断桥初相会》（第一回）	1
2015 年 1—12 月	杭州市文化惠民文艺演出	《白蛇传·断桥初相会》（第一回）	1
2015 年 1—12 月	送戏进社区文艺会演	《白蛇传·断桥初相会》（第一回）	1
2016 年 1 月	参加纪录片《杭剧寻踪》首发式暨杭滑年度考核展演	《白蛇传·许仙成亲》（第二回）	1
2016 年 5 月	参加由杭州市美食文化品牌促进会主办、杭州滑稽艺术剧院和"食话"承办的"食话"分享大会"杭州味道"活动	《白蛇传·断桥初相会》（第一回）	1
2016 年 10 月	参加 2016 上城区吴山庙会非遗项目展演	《白蛇传·断桥初相会》（第一回）	1
2016 年 11 月	在杭州联谊小剧场参加"'钱塘余韵'地方戏曲曲艺专场"	《白蛇传·断桥初相会》（第一回）	1
2016 年 12 月	"钱塘余韵"——杭州地方戏曲曲艺非遗项目展演活动第一季第六期杭州评词专场	《白蛇传·断桥初相会、许仙成亲》（第一、二回）	1
2016 年 12 月	参加"新春欢乐颂"钱塘余韵非遗精品演出、"新春欢乐颂——滑稽喜乐会 2"演出	《白蛇传·断桥初相会》（第一回）	1
2016 年 1—12 月	万场文化进基层活动	《白蛇传·断桥初相会、许仙成亲》（第一、二回）	1

续表

年　月	演　出	演出节目	场次
2016 年 1—12 月	杭州市文化惠民文艺演出	《白蛇传·断桥初相会、许仙成亲》（第一、二回）	2
2016 年 1—12 月	送戏进社区文艺会演	《白蛇传·断桥初相会、许仙成亲》（第一、二回）	1
2017 年 1 月	全国曲艺传承人示范交流展演	《白蛇传·断桥初相会》（第一回）	1
2017 年 1 月	"滑稽喜乐会 2" 演出	《白蛇传·断桥初相会》（第一回）	1
2017 年 2 月	参加杭滑年度考核展演	《白蛇传·许仙成亲》（第三回）	1
2017 年 3 月	在上海兰心大戏院参加星期戏曲广播会节目"钱塘余韵——杭州戏曲曲艺非遗项目展示专场"演出	《白蛇传·断桥初相会》（第一回）	1
2017 年 4 月	向新世纪外国语学校三、四年级学生约 150 人，开展国学体验之杭州评词课程	杭州评话课程	1
2017 年 6 月	在香港参加"根与魂——忆江南·浙江省非物质文化遗产展览"活动	《白蛇传·断桥初相会》（第一回）	1
2017 年 7 月	在翠苑二区小广场参加"幸福翠苑·点亮生活"启动仪式暨"名家进翠苑，非遗展风采"专场演出	《白蛇传·断桥初相会》（第一回）	1
2017 年 8 月	在富阳渌渚镇新港村文化礼堂参加"振兴浙江曲艺"杭州市曲艺"三进"展演活动	《白蛇传·许仙成亲》（第二回）	1
2017 年 8 月	在余杭区运河街道螺蛳桥参加"振兴浙江曲艺"杭州市曲艺"三进"展演活动第二场	《白蛇传·许仙成亲》（第二回）	1
2017 年 9 月	在浙江水利水电学院举办的"振兴浙江曲艺"杭州市曲艺"三进"展演活动第三场	《白蛇传·断桥初相会》（第一回）	1

续表

年　月	演　出	演出节目	场次
2017 年 11 月	浙江省曲艺专题会演及浙江曲艺传承发展交流演出	《白蛇传·许仙被捕》（第三回）	1
2017 年 12 月	扬州非遗文化交流"运河风情"地方特色文艺节目展演（杭州站）演出	《白蛇传·断桥初相会》（第一回）	1
2017 年 1—12 月	万场文化进基层活动	《白蛇传·断桥初相会、许仙成亲》（第一、二回）	1
2017 年 1—12 月	杭州市文化惠民文艺演出	《白蛇传·断桥初相会、许仙成亲》（第一、二回）	1
2017 年 1—12 月	送戏进社区文艺会演	《白蛇传·断桥初相会、许仙成亲》（第一、二回）	1

从以上统计表中可以看出，杭州评词正逐年恢复演出书目，从 2013 年至 2014 年，恢复了杭州评词开篇《西湖景致妙不同》；2015 年，恢复了杭州评词传统长篇书目《白蛇传》的第一回目《断桥初相会》；到 2016 年，恢复杭州评词传统长篇书目《白蛇传》的第二回目《许仙成亲》；至 2017 年，已恢复杭州评词传统长篇书目《白蛇传》的第三回目《许仙被捕》。因此，杭州评词恢复演出传统长篇书目，也是需要有效的宣传和展示平台，才能进一步推进社会的影响力。

（四）出版保护成果，加强文本传播

面对传承保护工作，应从理论方面入手。加大研究力度，尽可能地收集更多相关杭州评词的文字信息、图片素材、话本资料；翻录过去杭州评词老艺人留下的录音素材；积极在民间寻访健在的杭州评词老艺人，保留口述回忆资料；摄录会唱杭州评词的杭州评话、武林调（杭曲）等老艺人的示范音像；对于杭州评词的历史沿革、演出形态、书目开篇、唱腔乐器、人物表演、噱头扣子、流派艺术、演出场所等各方面，有了基本了解，并更新了许多原来未掌握的知识。单独出版、与人合作撰稿出版或提供写作素材出版了杭州传统评话丛书，《杭州评词〈白蛇传〉》《杭州评词〈麒麟豹〉》以及浙江省非物质文化遗产代表作丛书（第二批）《杭州评词》《杭州市非物质文化遗产大观·戏曲曲艺卷》《杭州文化"五名"工程系列丛书》《杭州非物质文化遗产名品》等图书，为杭州评词下一步的挖掘、整理、研究、出版工作提供了第一手的珍贵材料。同时，为杭州评词日后的发展提供了文本传播的有效方式。

二、杭州评词传承发展中面临的问题及建议

从目前杭州评词发展的现状来看，虽然没有代表性传承人，但是通过行政主管部门、责任保护单位及传人的通力合作和努力结果，呈现出良好的保护态势。但是，我们也应当清醒地认识到，杭州评词虽然从低谷至目前的重获新生，已开始重登舞台并逐渐恢复演出，但是在保护的过程中，还是存在着种种问题的，具体表现如下。

（一）生态环境的要素缺失

文化的生态环境是指文化赖以生存和发展的自然、社会、观念等客观条件，适宜的生态环境对非物质文化遗产的发展有着至关重要的作用。近几十年来，非

物质文化遗产在全球范围的逐渐式微，正是社会文化环境失衡造成的影响。目前，全球范围对于非物质文化遗产的保护意识正逐步建立和提高，中国的非遗保护工作，不但成了政府主导的全民行为，而且借着《中华人民共和国非物质文化遗产法》的颁布实施，上升成为国家意志。杭州评词是以口语艺术为特征的表演艺术，具有无形性和即兴性的特点，它所赖以生存的环境需要依附于各种不同的外部条件，包括其受众面即观众。因此，茶馆店、书场和小型的曲艺演出场所是培养发展杭州评词的摇篮。杭州评词拥有大量的传统中、长篇书目和优秀的开篇节目，且艺术生命力较强，需要依靠以听说书、唱书的演出场所为依托，通过推动创演入手加以扶持。但是，这类活动场所在 20 世纪 90 年代中期已大量消失，目前杭州书场仅剩 4 家，这对杭州评词的生存带来很大的困难。

（二）缺少学术理论的专业引领

学术理论是曲艺得以持续传承和健康发展的思想引擎与智力支撑，对于推动杭州评词的科学传承保护，有着极为重要的意义。目前，仍有部分人对于"什么是曲艺""什么是杭州评词"存在着概念的混淆和误解。因此，通过理论联系实际，学术服务艺术，让学术理论工作更好地解决目前曲艺传承保护中存在的模糊观念与思路问题，对于把握曲艺的艺术规律，维护曲艺的自身特征，传承保护好杭州曲艺，具有十分重要的意义。目前杭州市的曲艺研究工作也很薄弱，缺乏聚焦杭州评词的专业性文章及著述，较难服务和支撑杭州评词保护的工作需要。2009 年由中国曲艺志全国编辑委员会编辑出版的《中国曲艺志·浙江卷》，是目前浙江包括杭州在非遗保护过程中唯一具有文献咨询包括曲种认定等作用的权威性典籍，能够用来切实指导杭州曲艺的传承与保护工作，并能面向大众普及曲艺知识。除此之外，对于杭州评词的专业书籍，则是少之又少。这使杭州评词在今后的传承与保护工作中，缺少了坚实厚重的学术指导，亟待设法改变。

（三）专业人才的缺失

不光是曲艺的学术理论研究人才，杭州整个曲艺专业人才都很缺乏。目前杭州的曲艺从业人员，绝大多数为业余或半业余。仅从杭州市目前的 6 项国家级曲艺保护项目来看，其保护单位均为杭州滑稽艺术剧院，虽有一定的专业依托，但总体上仍存在曲艺理论与学术研究滞后的现象，涉及所有曲种的从业人员，相互之间很不均衡。这也是长期以来全国范围普遍存在的一个现象及通病。曲艺演员的整体素质偏低，致使艺人的曲艺基础知识匮乏，严重制约了在作品的创作、表演等方面专业水准的提高与发挥。且曲艺学在高等院校中存在学科空白的现象，也造成了各类专业人员的稀少，这在很大程度上直接制约着曲艺的全面发展和水平提升。

（四）曲本创作人才的匮乏

曲艺曲本即曲艺表演脚本的创作，是曲艺发展的基础。正如有论者所指出的："曲本，是曲艺表演的脚本。如果说，戏剧的剧本是一剧之本的话，则曲艺的曲本也应当说是一曲之本。在曲艺的艺术构成诸要素之中，曲本作为演员据以表演的文学脚本，具有决定一个曲艺节目艺术质量和美学品位的基础性或者根本性作用。"[①]由此可见，曲本对于曲艺的繁荣发展十分重要。但目前杭州的曲本创作人员几近于无，甚至比被重点保护的代表性表演传承人还要少，成为制约杭州曲艺

---

① 吴文科：《中国曲艺通论》，202 页，太原，山西教育出版社，2004。

发展的重要因素。这一问题在当今社会中普遍存在，而"曲本创作人才的严重匮乏，使得曲艺节目的内容成色严重不足；语言缺少智慧，形象苍白干瘪，思想含量较低，感人程度不够，欣赏起来不痛不痒，味同嚼蜡。"①此次参加全国非遗曲艺周演出的杭州曲艺节目，均为传统节目恢复上演的事实也证明了，传承传统节目固然是非遗保护的核心内容，但缺乏新节目也是杭州曲艺创演的短板。也就是说有的新节目未能登上这个舞台，即从一个侧面表明，杭州的曲艺界还缺乏编创新节目的足够能力。

同时，从曲艺近年的发展态势来看，传统曲艺的"能见度"和接受度不断下降，特别是以长篇和说表为基本节目形态的曲种，如讲王朝兴废的"大书"和讲述才子佳人的"小书"等，都极少受到关注，取而代之的是大量急功近利的短平快式创演，这对于曲艺今后的传承发展是十分不利的。曲艺的创作有即兴性的特点，因此，曲艺的创作也离不开表演者，曲艺演员不仅是表演者，更是创作者，在舞台上的表演是其对曲本的二次创作，通过舞台上的不断实践，边演边改，逐渐摸索出让观众喜爱的作品，是曲艺演员的基本素质。而能编能演，不仅是新时代的传人所要具备的能力，更是曲艺保护的题中应有之义。杭州曲艺的传承人培养，因而应当向着这些方面的综合素质养成去努力。

三、如何以非物质文化遗产的保护模式进行多样性保护

如上所述，杭州评词的传承保护工作，虽然得到了复苏，但与繁荣发展的大目标相比，还有很大的奋斗空间。面对杭州评词在传承保护和繁荣发展面临的诸

---

① 吴文科：《曲艺人才培养亟待突破制度瓶颈》，《艺术评论》，2013（1）。

多实际困难，笔者认为有必要从以下几个方面更加注重和发力：

一要通过积极引导，营造适宜杭州评词健康发展的良好生态环境，尤其要建设一些适合杭州评词演出的专门场所。比如，政府部门可在民众居住点较为集中的处所，开办一些公益性的书场或小型曲艺演出场所，营造出人人都是听众的社会氛围，从而成为老百姓生活娱乐的一部分。同时，与旅游部门相结合，推动常年上演杭州评词，让游客在欣赏西湖美景的同时，感受杭州的地域文化和氛围。

二要在培养人才的过程中，加强曲艺尤其是相关曲种基础知识的学习，使之能将理论与实践更好地结合。特别是面对近些年来曲艺创演中普遍存在的内容与格调的粗鄙化、浅陋化倾向，以及创新过程中存在的"歌舞化""戏剧（小品）化"和"杂耍化"问题，加强对曲艺演员的理论武装，让他们在理论上自觉一些、艺术上自信一些；加强对曲艺创作人员理论素养的提高，让他们通过理论丰富作品内涵，提升语言智慧。同时，加强政府部门、文化管理部门的政策理论水平，让他们更加注重对杭州评词传承和保护工作的学术咨询，以确保在实施相关工作的过程中不会产生误导。

三要注重传统。繁荣发展传统文化，必须要向传统学习，争取为世人留下属于我们时代的新经典。在杭州评词的创作与表演中，要集中挖掘整理一批传统的经典节目，并经过不断的整理打磨，使之更适应现代观众的需求，在传承表演中，既保留了传统经典的核心内容，又赋予了新时代的审美意识和思想意蕴。"老树出新芽，魅力更焕发"，这是杭州评词传承保护应当补上的时代短板，也是整个曲艺当下发展的必由之路。

密作刺绣耳机

灌木团队：从设计驱动传承到生产性保护实践

● 纪伟石　李思敏[*]

非物质文化遗产是我们的祖先代代相传、与人民生活紧密相关的传统文化的表现形式，其中不仅凝结着丰富的生活智慧，也是中华民族深刻的文化记忆。为了响应国家对非遗保护的号召，山西灌木文化传媒有限公司（以下简称灌木文化）决定将自身在动漫、设计方面的优势运用在传统手艺现代化开发上，并逐渐投入大量人力、物力保护非遗。

* 纪伟石，李思敏，山西灌木文化传媒有限公司职员。

一、设计驱动传承

2016 年，在文化部的牵头下，灌木文化参与建立了位于新疆维吾尔自治区哈密市的全国首个传统工艺工作站，自此之后，灌木文化与非遗结下不解之缘。

哈密刺绣有着鲜明的民族特色，也非常具有艺术价值，但是除了新疆地区，大众对这门手艺的了解非常有限，想要真正地了解哈密刺绣并根据其特点发挥长处，在保留其传统特色的情况下设计出符合当代消费者审美的产品，我们需要更多的了解。

（一）文化创新，需立足传统

工作站筹备建立之初，灌木文化的设计团队前往新疆哈密，旨在将哈密刺绣这项维吾尔族传统手工艺真正引入大众生活空间，"密作"项目就这样开启了。其间，灌木文化设计团队与文化部副部长项兆伦先生一起考察、了解当地的风土民情与哈密维吾尔族刺绣的起源、历史和发展状况，以及绣娘们的生活现状。参观了当地博物馆、文化馆、图书馆，甚至到绣娘家全方位了解哈密以及维吾尔族刺绣的历史以及发展状况。在这个过程中，哈密刺绣的发展脉络随之渐渐清晰起来。

经过一段时间的调研后，灌木文化团队决定挑选手艺较好的绣娘们签约，组织属于自己的绣娘队伍。

为了同以往类似产品区分开来，灌木文化团队在产品研发上，既突出刺绣与绣娘，又兼顾产品的实用性。目前，该团队已经开发了手机壳、笔记本、玩偶、冰箱贴、胸针等 300 多种兼具民族特色与现代审美的文创产品，重新唤起哈密刺绣的活力，提高了其社会普识性和影响力。截至目前，这些产品的订单累积已经超过 500 万元。哈密刺绣以全新的样貌，再次展现在大众眼前，并走进人们生活。

（二）非遗传播，需加大力度

加大非遗宣传、推广力度，让非遗真正"走出去"，是非遗传播的重要一环，其形式丰富多样。如文化部项部长每次出访海外，都会将"密作"系列产品作为国礼送给海外友人。外国人对东方传统艺术很感兴趣，对这种呈现形式也非常认可。这不仅对我们后续产品开发是很大的鼓励，也是让哈密刺绣产品走向世界的一个开端。

另外，媒体作为当下文化传播的重要媒介，可以快速、有效地将产品推送出去，在最短的时间内增加其受众群体。"密作"系列产品的身影陆续登上各大媒体，如中央电视台《文化中国》等有影响力的节目。与此同时，这些产品也在国内外各种展会上展览，2017 年还去了美国拉斯维加斯国际品牌授权博览会、里斯本国际手工业博览会等，受到同行与消费者的肯定与欢迎。

（三）繁荣发展，需不断探索

通过前期的研发与推广，"密作"在业内已经有一定的知名度和影响力，而对于如何能将非遗的保护这件事做得更深入、更精细，我们也一直在思考。

我们认为，除了产品形态的丰富，更加重要的是对传统图案的发掘、研究与再创造。对传统图案的研究，可以完整地剖析及了解一个地方的历史文化及发展脉络，基于这种研究来开发的图案，才是不失其本的创新。

2017 年，灌木文化投入大量精力在图案的研发上。经过努力，公司在 7 月份成都国际非物质文化遗产节上，一次展出 1 000 个新开发的图案。

除了产品和图案的开发，该项目最大的意义还在于真正改善了哈密绣娘的生存状况。我们在哈密建立了手工坊，将绣娘们集中起来工作，并为她们提供大量而持续的订单。现在灌木文化的签约绣娘们平均每个月增收 2 000 ~ 3 000 元。非遗保护与传承的内核是保护文化的多样性，因而自参与工作站建设工作的 3 年来，灌木文化始终坚持尊重传承人群的主体地位，尊重其创造性表达的权利，并在此过程中，采取了一系列措施：推动传承人和设计师组队梳理哈密刺绣纹样，并形成《民族的符号》一书；同时依托传承人的图案创作形成卡德尔剪纸系列刺绣笔记本等产品；鼓励传承人群在完成刺绣笔记本、刺绣抱枕等订单时发挥创作力，同一款刺绣笔记本，经由绣娘自主选择不同的局部刺绣纹样并自主配色。

"密作"项目不仅是对哈密维吾尔族刺绣这门手艺的保护，也为我们将来对于其他类别的非遗项目如何开发和传承提供了更多的思路。相信在未来，传统的东西会越来越被当代年轻人、消费者所熟知与接受，这是我们最希望看到的。

二、生产性保护实践

随着《传统工艺振兴计划》的发布和哈密维吾尔族刺绣进入《第一批国家传统工艺振兴目录》，灌木文化一直在思索如何解决大部分传统工艺类非遗项目存在的两个痛点问题——产品设计与品质生产。而在新疆哈密传统工艺工作站的实践中，灌木文化第一阶段致力于用设计驱动传承，进入第二阶段，正在努力探索提高整个哈密刺绣行业的制作水平、产品品质。

那么，如何提升行业发展水平，提升传承人群的质量意识、精品意识、品牌意识和市场意识呢？仅仅依靠灌木文化自身的力量毕竟是有限的，依托工作站为平台，引入与我们志同道合的更多设计和品牌团队力量，用来自市场的订单需求驱动哈密刺绣的品质升级，生产性保护成为当下最合理的通路。

就灌木文化自身订单而言，创作应景儿系列插画、引入大量网红插画师作品资源探索更多自主刺绣笔记本产品的销售可能性；为中央电视台乡土频道、腾讯动漫等品牌提供刺绣产品定制服务；尝试电商销售路径，与阿里巴巴匠仓、唯品会唯爱工坊项目合作共推哈密系列产品；并在绣娘订单不充足的情况下，提供一些灌木文化自主储备型订单。但我们知道，市场化经营才是最有效的途径。幸而，经过2017年的探索与储备，2018年陆续迎来"唯品会·依波手表项目""王的手创合作项目"，我们看到了真正意义上探索实践生产性保护的可能。

2018年春天，灌木文化联合知名电商网站唯品会唯爱工坊项目组，带领知名手表品牌依波到新疆哈密实地考察，并确定哈密刺绣手表产品研发与生产项目，这些产品即将进入唯品会线上销售渠道和依波手表在全国的3 000余家线下门店。这意味着哈密刺绣产品正式进入知名品牌订单系统，打入一、二线城市大型商场的消费终端。机遇即挑战，品牌订单也意味着对产品提出了更高的品质要求。

2018年初夏，灌木文化再次带队，将淘宝网刺绣类热销品牌——"王的手创"引入哈密，这次合作包括两个部分：首先，灌木文化与"王的手创"联合推出"哈密"系列刺绣产品；其次，"王的手创"将为哈密绣娘提供持续稳定的市场订单。

　　来自市场的订单需求，即意味着要求绣娘能够胜任标准化订单。标准化与我们一直秉持的鼓励传承人群发挥创造力，一定程度上是相悖的，现阶段绣娘对标准化订单的理解和适应相对也是较差的。

　　非遗是我国优秀传统文化的重要组成部分，属于文化范畴。习近平总书记在党的十九大报告中专门对繁荣发展社会主义文艺，推动文化事业和文化产业发展作出部署，指出要推动中华优秀传统文化创造性转化、创新性发展。非遗的产业化发展一直颇具争议，但是产业化发展是可持续的道路。走向大众化、规模化、标准化、精品化、品牌化是传统工艺作为一个行业真正传承与弘扬的必经之路。在引入现代化的管理制度提升品质的同时，要始终秉持尊重传承人群的智慧、才

艺和创造力，让传统工艺类产品具备高品质且不失手艺的温度。

为了让绣娘们更好地理解接踵而至的订单需求，灌木文化带领"王的手创"团队来到哈密针对各村的优秀传承人群开展研习课程，勤劳的哈密绣娘学习热情特别高。课上，"王的手创"团队分享了其产品设计理念及许多刺绣与设计的相关知识，在课程结束之后，绣娘们都不愿离开，希望能够学到更多新的技艺，胜任更多订单，由此也验证了订单与绣娘们的积极性有着密切的关系。

通过课程学习，绣娘们也真正认识到标准化订单的含义。在具体订单中，追求的是准确而不是自主创造更好的作品。期待未来，绣娘既可以绣出准确的订单，用勤劳的双手改善生活质量，并且在完成准确订单提高了技艺水平的业余生活中，她们能用灵巧的双手创造更美的作品，让生活更美好。

除了依波手表、"王的手创"的引入，灌木文化还在自身企业擅长的动漫潮流行业维度探

索哈密刺绣之于潮流手伴玩具的应用可能性，拟推出 W.KONG 哈密手偶系列产品、玩具的花帽及民族服饰产品等。灌木文化团队对哈密刺绣的生产性保护实践，积极有效地扩大绣娘群体，提高当地民众的文化自信与文化自觉意识。同时也让哈密刺绣在传统的基础上，有了更多的发展可能性。通过依托不同载体，哈密刺绣正在以新的方式出现在大众视野，回归日常生活，成为人们生活的一部分。

从第一阶段用设计驱动传承到第二阶段的生产性保护实践，灌木文化围绕现阶段"实现创造性转化和创新性发展"的非遗保护与传承理念，正在尝试依托工作站平台，提供创作、设计、制作、订单于一体的全链条服务体系。个体的力量是有限的，团结更多志同道合的品牌与设计团队，为新疆哈密传统工艺工作站输入设计力量、订单需求。而灌木文化自身作为桥梁引入资源的同时，也将进一步整合当地的生产资源，成立手绣工坊，为部分绣娘提供稳定的收入，让绣娘们在更稳定的工作环境中，解决上一阶段绣娘在自己家中刺绣订单品质不稳定的问题，为新疆哈密维吾尔族刺绣的工艺品质提供生产基础，使精准化订单在哈密成为可能。

让设计、市场订单需求和品质生产在哈密形成良性通路，为振兴传统工艺的探索略尽企业绵薄之力。这便是两年多以来，灌木文化在对哈密刺绣的保护及产品开发过程中以设计驱动传承向生产性保护实践的转变。

近年来，《舌尖上的中国》《传承者》等非遗相关纪录片、综艺节目成为"霸屏"一时的文化热点。悠久的非物质文化遗产给媒体提供了取之不尽的丰富资源，也通过无所不在的新媒体，得到了前所未有的传播，流传久远的文化遗产也因此逐步进入了我们的生活。

2018 年 7 月 5 日，由文化和旅游部非物质文化遗产司支持，中国传媒大学文化发展研究院承办的"2018 非遗传播专题研讨活动"在中国传媒大学图书馆举行。中国社科院荣誉学部委员刘魁立，北京师范大学新闻传播学院执行院长喻国明，光明日报社副总编辑、融媒体中心主任陆先高，人民日报社政治文化部主任温红彦等相关领域专家学者、资深从业人员进行发言与研讨。文化和旅游部非物质文化遗产司司长陈通、中国传媒大学副校长刘延平出席研讨活动并致辞，文化发展研究院院长范周主持了开幕式与主旨论坛环节。

陈通在致辞中谈到，非物质文化遗产是中华优秀传统文化的重要组成部分，传承发展优秀传统文化，必须做好非遗保护工作。非遗传播是中央的要求，也是法定的义务与责任，有利于提高非遗的可见度、美誉度和影响力，可以有效发动社会力量、专业机构等参与非遗保护传承，提高社会公众认知，使人们认识到文化遗产的独特价值，从而更加自觉、更加深入地参与到保护传承的实践中，形成人人传承发展优秀传统文化的生动局面。为此，应该从动员各方力量加入非遗传播事业，不断扩大非遗传播"朋友圈"，推动更加专业和规范地传播非遗，支持非遗常态化传播，加强非遗传播品牌建设等方面着手推动非遗传播工作。

研讨活动分为主旨论坛和专题沙龙两个部分。在主旨论坛环节，专家学者围绕"认识非遗传播的重要意义"和"开展非遗传播的主要方式"两个议题进行了主旨发言；三场专题沙龙聚焦"非遗媒体传播""非遗影视传播"和"非遗普及传播"，分别由中国文化报总编辑宋合意、中央电视台科教频道节目部副主任闫东、光明日报社文化产业研究中心副主任张玉玲主持。此次专题研讨活动搭建了非遗保护、媒体传播、社会教育等相关学科领域互动交流的平台，共同探讨了增强非遗传播力的新思路和新路径。

在专题研讨的基础上，为进一步加强非遗传承发展的传播视角研究，中国传媒大学文化发展研究院组织了非遗传播典型案例的征集，对非遗相关媒体宣传、影视传播、新媒体传播、普及教育、展示推广等最新案例进行梳理和分析，最终编辑出版《非物质文化遗产：从传承到传播》一书，期望为我国非物质文化遗产的保护传承提供更多传播视角的理论支撑和对策建议。

在此向所有支持与参与本次非遗传播专题研讨活动和典型案例征集的专家学者、业界朋友们表示最诚挚的感谢!

中国传媒大学

杨　红

2019 年 6 月